因子模型、机构投资者
与资本市场定价效率

FACTOR
MODEL,

Institutional Investors and Capital
Market Pricing Efficiency

李志勇　◎著

中国财经出版传媒集团

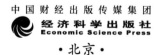

经济科学出版社
Economic Science Press

·北京·

图书在版编目（CIP）数据

因子模型、机构投资者与资本市场定价效率／李志
勇著. -- 北京：经济科学出版社，2025.1
ISBN 978 - 7 - 5218 - 5841 - 9

Ⅰ.①因… Ⅱ.①李… Ⅲ.①证券投资 - 影响 - 资本
市场 - 定价 - 研究 Ⅳ.①F830.9

中国国家版本馆 CIP 数据核字（2024）第 083540 号

责任编辑：宋艳波
责任校对：王肖楠
责任印制：邱　天

因子模型、机构投资者与资本市场定价效率
YINZI MOXING, JIGOU TOUZIZHE YU ZIBEN SHICHANG DINGJIA XIAOLÜ

李志勇　著

经济科学出版社出版、发行　新华书店经销
社址：北京市海淀区阜成路甲 28 号　邮编：100142
编辑部电话：010 - 88191469　发行部电话：010 - 88191522
网址：www. esp. com. cn
电子邮箱：esp@ esp. com. cn
天猫网店：经济科学出版社旗舰店
网址：http://jjkxcbs. tmall. com
固安华明印业有限公司印装
710 × 1000　16 开　12 印张　200000 字
2025 年 1 月第 1 版　2025 年 1 月第 1 次印刷
ISBN 978 - 7 - 5218 - 5841 - 9　定价：78.00 元
（图书出现印装问题，本社负责调换. 电话：010 - 88191545）
（版权所有　侵权必究　打击盗版　举报热线：010 - 88191661
QQ：2242791300　营销中心电话：010 - 88191537
电子邮箱：dbts@ esp. com. cn）

前 言
Preface

作为现代市场经济的枢纽，资本市场承担着服务经济高质量发展的重要职能。党的二十大报告里关于资本市场的重要论述中，也明确提出要"健全资本市场功能，提高直接融资比重"。如何将资本市场的一般性规律和中国特色有机融合，为建设高质量的资本市场服务，是政府监管部门、企业界和学术界共同面临的议题。因子模型刻画了资本市场中风险和收益的权衡关系，反映了资产价格波动的基本规律。本书从资本市场的因子模型出发，讨论了因子模型评估、风险因子择时、可转债市场因子模型等相关议题。此外，从收益率预测的角度，本书还进一步讨论了以公募基金为代表的机构投资者在资本市场定价中的角色。

具体来说，本书围绕中国资本市场的实证资产定价开展四个方面的详细研究。

（1）以 Fama-French 三因子模型为代表的因子模型假设因子数量稀疏和因子收益率可观测。然而由于市场异象的广泛存在，限制了因子模型的解释力；此外，随着中国资本市场一系列制度性变革，特别是注册制改革大幅降低了上市公司的壳溢价，传统的因子模型难以刻画时间序列上的断点性变化。现有文献表明，剔除最小30%市值的股票可以提高因子模型的表现。本书在构造因子模型时仅剔除高预期壳概率的公司。我们的修正模型在不同的测试资产中具有最小的模型设定误差，同时也具有最强的解释能力。本书的模型为中国股票市场的实证资产定价提供了一个有效的基准模型。

（2）本书还讨论了一系列预测变量对中国市场因子收益率的预测能力。我们发现经济政策不确定性（EPU）可以显著地预测短期和长期的规模溢价（即小股票减去大股票收益率之差）。然而，在预测其他15个与特征相关的因子收益率时，这些结果并不明显，这些因子包括市场、动量、价值、盈利能力、投资以及一系列错误定价或风险因子。实证发现对各种控制变量和样本外测试具有稳健性。上述证据表明经济政策不确定性可能会帮助进行因子择时。从经济学机制上看，现金流渠道和避险渠道可以解释EPU的预测能力。

（3）作为资本市场的重要参与者，机构投资者在金融市场稳定中扮演着"压舱石"的角色。机构投资者依靠专业的资产管理服务，推动市场价格发现，提升定价效率。本书对中国市场公募基金横截面Alpha的预测变量进行了全面、系统的实证检验。从考虑的47个预测因子中，我们发现大约一半的预测因子对1个月、3个月和6个月的事后基金Alpha值具有显著的预测能力。此外，套利活动可能会阻碍可预测性。最后，投资者尚未完全了解本研究中的基金收益率预测特征，而投资者的投资决策主要基于过去一年的回报。这一发现表明了中国市场公募基金投资中存在的资本错配，也间接解释了"基金赚钱，基民不赚钱"背后的原因。

（4）由于缺乏高质量的数据，且定价具有复杂性，可转换债券难以被广泛应用于实证资产定价的因子模型所刻画。我们分析了中国市场上的可转债预测特征，并使用工具变量主成分（IPCA）来刻画可转债的横截面收益。与公司债券和股票市场的可观察因子模型相比，潜在因子模型能更好地描述已实现收益率的共同变化，并在样本内和样本外均表现出较小的定价误差。此外，我们还进一步验证了机器学习在可转债收益率预测中的表现。

本书受到北京外国语大学基本科研业务费重点项目"基于预训练模型的自然语言处理：测度、机制和经济后果"（项目编号：2023JJ003）和北京外国语大学新入职青年教师科研启动项目"中国资本市场的可预测性研究"（项目编号：2022QD027）的资助。

李志勇

2024 年 8 月

目 录
Contents

第一章
Chapter 1

中国资本市场的研究综述

第一节 因子模型相关研究

在因子模型相关研究中，我们从经典实证资产定价中的多因子模型、中国情景下的市场异象、统计机器学习下的高维因子模型三个角度来汇报相关的研究进展。

一、实证资产定价中的多因子模型

在金融经济学中，罗斯（Ross，1976）提出的 APT 套利定价模型为因子模型提供了理论基础。以股票市场为例，不同的股票价格之间存在着联动的现象。因此，在金融学的学术研究中，学者们假设股票横截面收益率由一系列可以观测到的因子（observed factor）或者潜在的因子（latent factor）来驱动。

　　最简单的因子模型是夏普（Sharpe，1964）提出的资本资产定价模型（CAPM）。而法玛和弗伦希（Fama and French，1992）通过模拟组合的方法，构造了市场、市值和价值三个因子（又被称为 Fama-French 三因子模型），可以很好地解释横截面的收益率。这些可以被观测到的因子，通常被认为是系统性风险的代理变量。后续的研究中，其他因子又被加入模型中，如动量（Carhart，1997）、流动性（Pastor and Stambaugh，2003）、盈利（Novy-Marx，2013）。学者们又从经济学的理论模型出发，构造了新的因子模型，包括五因子模型（Fama and French，2015）和 Q 因子模型（Hou et al.，2015）。不同于前述因子模型，行为金融学将投资者的行为和错误定价联系起来，包括错误定价四因子模型（Stambaugh and Yuan，2017）和行为三因子模型（Daniel et al.，2020）。

二、中国情境下的市场异象和因子模型

　　和成熟市场不同，中国市场存在着一系列独特的市场特征，包括小市值公司包含的壳价值、散户主导的交易市场等。因此机械地照搬成熟市场的因子模型，并不能很好地刻画中国资本市场的风险和收益特征。刘等（Liu et al.，2019）在构造因子时剔除了市值最小30%的股票以避免壳公司带来的影响，同时以 E/P 比率作为公司价值的代理变量，从而构造了中国三因子模型。李林波等（2022）基于投资者非理性的视角构造了信念因子模型，并检验了其对市场异象的解释能力。其他相关研究还包括引入消费和投资者情绪因子（李双琦等，2021），考虑广义失望厌恶的因子模型（陈国进等，2022）。屈源育（2018）和李等（Lee et al.，2022）则在传统的三因子模型中直接加入了壳因子。然而随着注册制的进一步推进，"壳溢价"将告别历史舞台，剔除最小30%的股票和构造壳

因子并不能适应市场演变的进程，因此李和饶（Li and Rao，2022）提出了一种基于"壳价值"估值进行样本筛选的方法，重新构造中国三因子，该方法避免了过度剔除"壳污染"样本导致的模型估计误差。

根据上海证券交易所（以下简称上交所）公布的数据，中国股市85%的成交量由散户投资者贡献，由此导致了一系列经济后果，包括公司拆股行为（Titman et al.，2022）、散户异质性和投资行为（Jones et al.，2020）、散户注意力和异象收益率（Jiang et al.，2022）、套利限制下的投资者情绪和股价异象（何诚颖等，2021）以及大单异象（许泳昊等，2022）。借助于包括股市异象在内的一系列特征，一系列文献基于机器学习方法进行选股，发现其在中国市场表现出显著的样本外预测能力。莱波德等（Leippold et al.，2022）基于机器学习的方法对异象特征进行加工，考察中国股票市场收益率可预测性，研究发现：和成熟市场不同，流动性是最重要的预测变量，同时散户的交易行为影响了短期的可预测性。姜富伟等（2021）基于大数据和机器学习的方法构建了动态CAPM，解释了中国市场的"高贝塔、低收益"现象。此外，还有一系列研究基于机器学习和深度学习的方法考察中国股票市场的收益率可预测性，包括马甜等（2022）、贺平等（2021）、马等（Ma et al.，2023）的研究。

三、统计机器学习下的高维因子模型

近年来，随着大数据和人工智能的发展，因子模型进入"高维数"时代。机器学习的变量选择和降维方法开创了基于数据驱动的因子模型研究范式。洪永森和汪寿阳（2021a，2021b）讨论了大数据和机器学习对统计建模与统计推断的影响，并指出经济学研究范式所发生的根本性变化，包括从模型驱动到数据驱动、从参数不确定性到模型不确定性等。

统计学和计量经济学中关于高维因子模型的研究，则主要从模型估计和统计推断的角度出发。白和吴（Bai and Ng，2002）讨论了近似因子模型中因子数量的选择。白（Bai，2003）建立了因子潜变量、因子暴露和两者乘积估计的渐近正态性。白和李（Bai and Li，2012）基于极大似然估计进行因子模型估计。其他研究还包括弱因子变量（Onatski，2012）、近似因子模型的惩罚似然方法（Bai and Liao，2016）、因子模型的半参数估计（Connor et al.，2012）。陈钊、范剑青和王丹（2020）综述了高维因子模型及其在统计机器学习中的应用，并重点介绍了高维因子模型在处理协方差矩阵估计、模型选择和多重检验等高维统计学习问题中的应用。

在实证资产定价的研究中，关于因子模型的研究主要以估计风险溢价为主要目标。以 Fama-French 三因子为代表的因子模型隐含着三个重要的假设——因子数量稀疏、因子可观测和线性模型。如果因子风险溢价或者因子暴露未知，我们就可以使用主成分分析（PCA）来提取隐含的因子。基于传统的 PCA，还存在一系列 PCA 形式的变形。邹、哈斯蒂和提布希拉尼（Zou，Hastie and Tibshirani，2006）提出了 Sparse PCA 模型，其将 PCA 转化成回归分析的优化问题，在引入 Lasso 类型的约束后就可以保证了系数的稀疏性。莱陶和佩尔格（Lettau and Pelger，2020a，2020b）提出了 Risk premia PCA，证实其在弱因子的情况下要优于传统的 PCA。与此同时，凯利等（Kelly et al.，2019）提出的 IPCA 模型，则将因子假定为隐变量，同时因子暴露取决于股票的特征。顾等（Gu et al.，2021）使用自编码（auto-encoder）的方法进一步放松了 IPCA 的线性假设。由于主成分分析是无监督学习，缺少预测目标的相关信息，黄等（Huang et al.，2022）提出了缩放主成分分析（Scaled PCA），使用较少的数据维度最大化保留原始数据中和预测目标相关的特征，从而更好地反映不同预测变量在全部数据中的权重。

第二节　因子择时的相关研究

作为金融经济学中资产定价的基准，因子模型能够解释资产收益的横截面，其中随机贴现因子（SDF）这一概念至关重要。任意资产的价格可以表示为 p = E(mx)，其中 m 为 SDF、x 为未来的回报。线性因子模型（如 Fama-French 三因子模型）可以视为简单的 SDF。哈达德等（Haddad et al.，2020）认为，当允许因子载荷随时间变化时，最优因子择时组合等效于 SDF。因此，在估计 SDF 时考虑因子择时的特点是必要的。众多预测特征（如方差风险溢酬）在实证上被证明可以帮助预测总体股票回报，因此，自然而然地引出了一个问题，即哪个预测特征可以帮助预测因子回报。在行业实践中，因子投资的理念也可以帮助业界建立低成本的被动指数投资组合，如智能贝塔交易所交易基金（ETF），这些 ETF 多数是由单一特征构建的。因此，因子择时也可以帮助专业投资者获取因子溢价。在现有的研究中，美国市场的因子择时策略在历史上表现较弱（Asness，2016）。然而，使用机器学习技术进行因子择时可能会提升策略的表现（Freyberger et al.，2020）。

首先，一些变量被证明在因子择时中非常有用，如股份发行（Greenwood and Hanson，2012）、情绪（Baker and Wurgler，2006）和价值差异（Yara，Boons and Tamoni，2021）。规模溢价和价值溢价是这些文献中最核心的两个因子。具体而言，李等（Li et al.，2014）使用隐含资本成本来预测价值溢价，而扎卡穆林（Zakamulin，2013）使用宏观经济预测变量来预测规模溢价。其次，我们发现经济政策不确定性（EPU）在实证资产定价中发挥着极其重要的作用。帕斯托尔和韦罗内西（Pástor and

Veronesi，2012）发现，经济不确定性可以是一种具有正风险溢价的风险因子。类似的研究也可以在中国市场中被找到，如林等（Lin et al.，2021）指出货币政策不确定性也是中国市场的一种定价因子。

第三节 公募基金相关研究

基金经理是否具备主动管理能力以及这种能力是否可持续决定了基金业绩的可预测性，这也是基金行业备受关注的研究问题。截至 2020 年底，中国公募基金总数量已超 7000 只，如何以系统的框架和方法论从这些基金中挑选出管理能力强并且未来表现大概率出色的基金，不仅能为包括个人和机构在内的基金投资者提供投资指导，为居民财富的保值增值保驾护航，同时也有利于市场资金流向管理能力优秀的基金，从而提高市场资金配置的有效性。目前，基金业绩预测的相关文献根据构造方法可主要分为基于历史收益率、基金持仓信息、基金/基金经理特征等几种类型。

第一类文献最早来自亨德里克斯（Hendricks et al.，1993），他们发现了基金的"热手"效应，即过去 1 年里涨幅（One-year return）越高的基金未来的表现越好，然而卡哈特（Carhart，1997）发现经过四因子模型（FF3 + MOM）调整后"热手"效应不复存在，而四因子模型调整后的超额收益（Carhart Alpha）能较好地预测基金风险调整后收益。阿米胡德和戈延科（Amihud and Goyenko，2013）发现由 Carhart 四因子模型回归后得到的 R^2（R-squared）能有效预测基金的未来表现，原因在于 R^2 的大小反映了基金经理私有信息的多少，私有信息越多的基金经理倾向于有更好的未来业绩。在此基础上，国内的研究如罗荣华等（2011）基于中国市场，定义基金收益率和基准组合收益率之差的方差为追踪误差，发现由追踪误差和 R^2 综合得到的复合主动性指标（Composite active index）可以作为主动管理类基金能力的测量指标。此外，还有的研究致力于对基金超额收益的估计方法作出改进，或者提出不同的比较基准以更好地计算基金的超额收益，如巴士和欧文（Busse and Irving，2006）、马迈斯基等（Mamaysky et al.，2007）和亨特等（Hunter et al.，2014）。上述研究提出的指标均由基金的历史收益率数据计算得到。

第二类文献通过深入分析基金的持仓信息来构建基金收益率的预测指标。科恩等（Cohen et al.，2005）发现和能力强的基金持仓越相似（Success overlap）则未来表现越好。克雷默斯和佩塔吉斯托（Cremers and Petajisto，2009）、多西等（Doshi et al.，2015）通过计算基金持仓与其基准组合的偏离程度，发现该指标与下一期基金的超额收益显著正相关，从而验证了基金经理具备主动管理能力。江和郑（Jiang and Zheng，2018）通过计算基金持仓与其基准组合的偏离程度，以及所持个股在发布基本面相关信息时收益率的协方差来衡量基金经理的管理能力，该指标越大则说明基金经理持有了越多基本面良好并回避了越多基本面较差的股票。

还有的研究基于基金最新一期的持仓来构造模拟组合进行分析。例如，埃尔顿等（Elton et al.，2011）发现根据该模拟组合的收益率（相较基金的真实收益率）所计算的风险调整后超额收益（Holding-based Alpha）能更好地预测基金未来表现。卡佩尔奇克等（Kacperczyk et al.，2008）用基金真实收益率和该模拟组合的收益率之差（Return gap）衡量基金隐形交易的价值，结果表明该指标能有效地预测基金未来业绩；申宇等（2013）对该指标作出改进，并在中国市场也得到了相似的结论。黄等（Huang et al.，2011）用基金真实收益率的波动率和该模拟组合的波动率之差衡量基金的风险调整水平（Risk-shifting），发现风险水平频繁变化的基金的未来业绩越差；刘莎莎等（2013）却在中国市场发现了不同的结论，即基金风险调整增大不仅可以提高短期超额业绩，同样可提高未来半年和一年的业绩。

其他的研究如韩燕等（2011）通过基金的持仓信息发现能预测公司并购事件的基金有着超群的分析能力，并且能力强的基金业绩具有持续性。卡佩尔奇克等（2014）则将基金经理的选股能力和择时能力综合得到能力指数（skill index），发现该指标能有效预测基金的未来表现。西穆丁（Simutin，2014）发现基金的现金持有比率反映了基金在潜在投资机会上的灵活度，也是一个能预测基金未来业绩的指标。

还有大量的研究从基金持股的特征作为切入点进行分析。例如，格林伯特等（Grinblatt et al.，1995）发现偏好高动量个股的基金未来的相对表现更好，可能与美股市场的动量效应有关。有专家发现偏好成长股的基金未来倾向于有更好的风险调整后收益（Chan et al.，2002）。卡佩尔奇克等（2005）发现基金持股行业集中度（industry concentration）的高低情况，反映了基金经理对某些行业的能力优势，从而能有效预测基金的未来业绩。卡佩尔奇克和塞鲁（Kacperczyk and Seru，2007）发现持股对公开信息越敏感的基金未来的表现越差。古普塔·慕克吉（Gupta Mukherjee，2014）则发现偏好有形资产占比高的个股的基金未来的表现更好。近两年来相关的研究还有麦克勒莫尔等（McLemore et al.，2021）和孔高文等（2019），他们发现偏好持有创新型公司的基金能显著提升未来业绩。

第三类研究则着重于基金/基金经理特征的角度。例如，埃尔顿等（Elton et al.，1993）发现费率（fee）和换手率（turnover）越高的基金未来表现越差。陈等（Chen et al.，2004）发现基金规模（fund size）的扩张不利于基金的未来表现。波莱特和威尔逊（Pollet and Wilson，2008）

发现分散化持仓（inverse of diversification）能缓解基金的规模报酬递减效应，从而能提升未来表现。博格斯特莱斯等（Bergstresser et al.，2009）则发现代销（broker-sold）的基金表现不如直销（direct-sold）的基金，部分原因在于代销基金收取的高额渠道费用。白等（Bai et al.，2019）根据基金经理的出生月份判断他们入学时在同龄人中的相对年龄大小，发现在同一届入学的基金经理中年龄相对较大的基金经理业绩更好。

第四类研究从基金资金流动的角度出发。格鲁伯（Gruber，1996）和郑（Zheng，1999）发现了所谓的"聪明钱"效应（smart money），即呈现资金净流入的基金未来业绩显著好于净流出的基金（flow）。楼等（Lou，2012）则发现"聪明钱"效应部分源于现金净流入推高了基金所持个股的价格，并且他还发现"持有未来倾向于发生资金净流出的基金所持有的个股"的基金未来表现会相对较差。至于在中国市场基金投资者是"smart money"还是"dumb money"，针对这一问题同样有一些颇具影响力的中文文献。例如，林煜恩等（2014）为了讨论不同类型的投资人是否有投资能力，检验了基金资金流动能否预测基金表现，发现滞后一期的公募基金流量具有预测绩效的信息；并且他们使用 CCER 数据库中机构投资者和个人投资者的分类数据发现一个有趣的现象：中国的基金投资者中约有一半是机构投资者，但机构投资者的资金流动无法预测基金的未来业绩，但个人投资者的资金流动却能正向预测。

此外，基金收益率预测指标的预测能力（即基金经理的管理能力的代理变量）通常在时间上是变化的，其影响因素主要包括整体市场环境和基金行业的竞争程度。市场整体环境则包括市场套利活动强度、市场的整体投资机会、市场的流动性条件、股票市场的牛熊状态以及宏观经济环境。例如，琼斯和莫（Jones and Mo，2021）发现套利活动强度能抑制股票市场异象和基金收益率预测指标的预测能力；江和维拉多（Jiang and Verardo，2018）、莱布尼茨（Reibnitz，2017）发现当市场的投资机会更好时，基金经理更能展现出管理能力的价值，因而收益率预测指标的预测能力更强；董等（Dong et al.，2019）发现基金经理能力和市场流动性条件有关；卡佩尔奇克等（Kacperczyk et al.，2014）则发现在"牛市"里基金经理的选股能力更强，而在"熊市"里基金经理的择时能力更强；科索夫斯基（Kosowski，2011）发现在经济萧条时基金经理能够获取正的风险调整后收益，而在经济扩张时反之。此外，公募基金行业的竞争程度也对预测指标的预测能力产生影响。例如，戴克等（Dyck et al.，2013）发现在竞争程度不高的新兴市场，基金经理的主动管理能力更有价值；霍伯格等（Hoberg et al.，2018）发现同类型竞争对手越少的主动管理型基金未来表现更好；帕斯特等（Pastor et al.，2015）发现基金经理的能力在逐渐增强，但是越来越强的同行竞争抑制了基金产生好的未来表现；琼斯和莫（2021）也认为基金竞争因素是收益率预测指标在样本外表现衰减的原因之一。

那么基金投资者是否能（事前）识别出能力强的基金并投资于它们呢？现有的文献认为基金投资者主要是根据基金的过去业绩以及晨星的基金评级来选择基金（Chevalier and Ellison，1997；Sirri and Tufano，1998；Ben-David et al.，2019；Choi and Robertson，2020），相比于学术文献中的复杂指标，过去业绩和基金评级的获取成本明显更低。还有一些文献从投资者特征或基金特征角度分析了影响投资者资金流动的因素。冯旭南和李心愉（2013）分析了影响公募基金投资者做出投资决策的因素，认为中国基金投资者追逐绩优基金而抛弃绩劣基金，绩劣基金会受到投资者的赎回压力；同时，他们利用基金公司规模、是否是明星基金公司和媒体关注度高低构建了三个信息获取成本指标，发现信息获取成本低的公司增加了投资者对基金的业绩敏感性。莫泰山和朱启兵（2013）则将基金投资者的投资能力分为选基能力和择时能力，利用上一期基金流入和当期业绩的关系来度量投资者的选基能力，用市场涨跌状态和基金净流入的交互项以及当期业绩之间的回归来度量择时能力，他们发现基金投资者存在选基能力但没有择时能力。

第四节 研究总结

作为刻画资本市场风险与收益权衡的基准，因子模型从经典的资本资产定价模型（CAPM）扩展到复杂的多因子模型，如 Fama-French 三因子和五因子模型。这些模型通过引入额外的因子（如市值、价值、动量等）来更全面地解释资产收益率的变化。由于中国市场的独特性，包括散户交易行为和广泛存在的市场异象，如何调整和构建因子模型以适应中国市场的特点也是非常重要的议题。此外，已有研究还利用统计机器学习的方法来构建高维因子模型。通常这些模型能够处理大量变量，提高预测准确性，适应当代金融市场的复杂性。

因子择时的研究主要关注如何根据市场条件和预测特征来调整投资组合中的因子权重，以提高最优投资组合（即随机贴现因子）的性能。已有研究表明虽然美国市场的因子择时策略历史表现较弱，但近年来，使用机器学习技术的因子择时研究逐渐增加，尤其是在中国市场中显示出独特的实证证据。

公募基金的研究主要聚焦于基金经理的主动管理能力和基金业绩的可预测性。相关研究集中于基金过去的业绩、持仓信息、基金及基金经理的特征来评估基金未来的表现，其中包括基于历史收益率、基金持仓信息以及基于基金/基金经理特征的方法。此外，还探讨了基金资金流动的影响，以及基金投资者是否能够识别并利用这些信息进行投资决策。

第二章
Chapter 2

股票市场中的因子模型

第一节 中国股票市场

作为全球第二大股票市场，中国市场在过去几十年里经历了显著的增长。截至 2020 年底，A 股市场包含了 4100 家上市公司，总市值超过 12 万亿美元[①]。和成熟市场不同，散户投资者在中国市场贡献了绝大多数的交易量。与此同时，机构投资者在股票定价上也扮演着更加重要的角色。此外，外国投资者可以通过合格境外机构投资者（QFII）和沪港通等方式投资中国 A 股。随着中国市场日趋重要，越来越多的学术研究试图通过发展和改进实证资产定价模型，从而更好地理解中国市场风险与收益之间的关系（Hou et al.，2021；Liu et al.，2019）。然而，在中国的制度背景下，学术界和实务界对实证资产定价模型的研究共识尚未完全形成。

---

① 数据来源：Wind 资讯。

这主要是因为中国股市面临着严格的监管干预，其中最引人注目的就是以注册制为基础的 IPO 改革。本书提出了一种基准因子模型，该模型将 IPO 政策的变化考虑在内，并将其与之前文献中定义的实证资产定价因子模型进行对比。

实证资产定价文献中存在着一个长期的传统，即寻找有用的因子来解释股票市场的风险和收益之间的关系。法玛和弗伦希（1993）在其开创性工作中发现了三个因子（即规模、价值和市场）能够解释美国股票市场的横截面股票回报。随后，学者们扩展了 Fama-French 三因子模型，并增加了其他因子，如动量（Carhart，1997）、流动性（Pastor and Stambaugh，2003）和盈利能力（Novy-Marx，2013）。上述新增加的因子都被证明提供了额外的解释力。在过去的十年里，关于因子模型的讨论仍在继续，如包含投资因子的 Q-factor 模型（Hou et al.，2015）、Fama and French 五因子模型（Fama and French，2015），都尝试为因子模型建立一个坚实的理论基础。行为金融学的学者们试图从投资者的行为偏差来解释市场异象，如错误定价的四因子模型（Stambaugh and Yuan，2017）和行为金融学的三因子模型（Daniel et al.，2020）。

与发达市场不同的是，这些实证资产定价因子模型在中国股市环境下的效果较差。例如，胡等（Hu et al.，2019）在复制法玛和弗伦希（1993）三因子模型时发现中国市场不存在价值溢价，并将这一现象归因于早期样本的极值，即股票数量较少、波动性较大。刘、斯坦博和袁（Liu，Stambaugh and Yuan，2019，以下简称 LSY）指出，位于市值最小 30% 规模分位数的小公司充当了"壳"，从而允许私营公司绕过正常 IPO 流程，直接进入股票交易所进行上市。他们认为，这些小公司的市值在很大程度上与公司的基本面无关。为了避免壳污染，LSY 剔除了市值最小的 30% 的股票，并构建了能够有效解释占中国 A 股总市值约 93% 的其他"正常"股票横截面变化的风险因子。

实证资产定价模型有效性下降的部分原因在于中国独特的 IPO 制度。尽管公司进入公开股票市场的需求日益增长，但中国上市公司 IPO 的数量受到严格的监管配给和控制（Lee et al.，2021），因此只有有限数量的私营公司被批准进行 IPO。范等（Fan et al.，2007）、弗朗西斯等（Francis et al.，2009）、李和周（Li and Zhou，2015）发现政治关系在中国 IPO 审批过程中扮演着重要的角色，这表明市场结果可能不完全由经济价值决定。审批制的 IPO 制度有别于成熟市场广泛推行的注册制。李等（Lee et al.，2019）也指出，中国对 IPO 的监管政策也推动一些公司进行反向合并（RMs），由于 IPO 公司的准入过于严格，导致一些高质量但政治联系较少的公司寻求成本高昂的壳公司（RM）替代方案。此外，IPO 监管体系的变革对股票市场（包括 IPO 一级市场和二级市场）具有重要的经济影响。例如，中国创业板禁止企业成为借壳上市的目标。胡等（Hu et al.，2021）发现拥有知名承销商的 IPO 公司平均市场调整后的收益率更低，这与主板市场的情况存在较大的差异。

总体而言，民营企业寻求反向合并（RMs）等替代方式，以便及时上市。在反向合并过程中，私营企业借壳上市的目标是一家已经公开上市公司（即壳公司）。然后，空壳公司购买这家私营公司的资产，以换取新股。LSY 表明，小市值公司最有可能成为目标壳公司。因此，对于规模较小的上市公司来说，很大一部分价值与其基本面无关。李等（2021）讨论了 IPO 监管政策对股票市场的影响。其中最重要的一个方面与其对资产定价的影响有关。李等（2021）构建了一个新的基准资产定价模型，该模型加入了一个包含目标壳概率的风险因子（预期壳概率）。与此不同的是，LSY 利用盈利收益率（E/P）来作为公司价值的代理变量，并利用市场、规模和价值因子实证解释最常见的股票回报。LSY 构造的 CH - 3

模型则剔除了市值最小的30%的股票。

随着中国IPO制度的改革，本书首先陈述一个基本事实：更多的公司选择直接通过IPO进行上市，而非借壳上市。在2017~2018年，监管部门开始加快IPO的审批流程，同时逐步全面推行IPO制度的注册制改革。上述改革降低了非公开上市公司进行借壳上市的倾向。数据表明，2017年，平均每年IPO数量达到了307家，而在此之前，数据仅有128家①。此外，小公司也不一定会成为被借壳上市的对象。LSY在构建因子模型时剔除了市值最小30%的股票。我们认为不能机械地遵循LSY的方法，并不是所有的小公司都一定是壳公司，这样LSY同时也剔除掉小公司包含的其他信息，如小公司本身的溢价。这样的后果会导致在实证研究或者投资业绩评估中，我们无法准确估计Alpha。在本书中，我们基于一种准确的方法来剔除具有高期望壳概率（ESP）的公司，使我们在减少样本中壳污染的机会的同时，能够保持尽可能多的信息。

我们通过计算Hansen-Jagannathan距离（Hansen and Jagannathan，1997；Hodrick and Zhang，2001）和Gibbons-Ross-Shanken检验来测试资产定价模型的表现。实证结果表明，在2000~2021年上半年，我们的修正模型与其他同类因子模型具有可比性，且表现最好。我们同时还按照侯等（Hou et al.，2015）和LSY的做法，检查实证资产定价模型解释122个中国市场异象的能力（Hou et al.，2021）。结果表明，与LSY相比，我们的模型更能解释流动性异象。模型的出色表现显著优于其他同类模型。侯等（2021）指出，和成熟市场不同，流动性是中国股市中最重要的异象，其背后的原因可能是散户投资者的过度交易。因此我们修正后的模型能够在中国的制度背景下提供一个更有效的资产定价基准。

---

① 数据来源：Wind资讯。

　　本书从三个方面对中国股票市场的实证资产定价文献作出了贡献。首先，我们强调了 CH－3 因子模型（由 LSY 提出）的局限性，2017 年之后的政策和监管变化导致中国 IPO 市场出现结构性断点。LSY 提出的剔除最小 30% 市值股票的方法，可能会导致在评估投资组合业绩时出现系统性高估的 Alpha。我们通过提出并实施一种改进的资产定价模型来规避这些问题，该模型精确地剔除了高壳概率的股票，而不是机械地剔除市值最小 30% 的股票。

　　其次，本书进行了一系列严格的模型比较，其中包括文献中最常用的因子模型。与沙和高（Sha and Gao，2019）、马等（Ma et al.，2021）对资产定价因子模型的比较不同，我们基于各种测试资产和方法检查了 11 个相互竞争的因子模型，以评估模型设定误差和定价效果。我们的测试资产包括：（1）在使用规模和价值五分位数双排序构建的 25 个 Fama-French 组合；（2）侯等（2021）在中国市场上构造的 122 个股票异象，形成的多空组合。与 LSY 模型相比，修正模型通过 HJ 距离测量的定价误差最小，可以解释更多的流动性异象。它还可以为中国市场上范围广泛的股票定价。共同基金和对冲基金经理可能会制定策略来赚取规模溢价，其中包括位于市值最小 30% 的"小市值股票"。因此，本书提出的修正模型可能成为更合适的评估投资组合业绩的基准。

　　最后，本研究也有助于市场效率的提升。因子模型可以帮助我们更好地了解中国的市场效率。一个好的因子模型可以区分系统性风险的来源，并给出一个适当的风险调整收益基准。本书发现，在投资组合分析中，按照 LSY 的方法建立 CH－3 因子模型会导致对阿尔法的错误估计。假设学术界和金融业界都使用它来识别具有主动管理能力的共同基金/对冲基金经理，在这种情况下，资金可能无法分配给那些真正有能力的基金经理。基金经理的主动管理对于纠正证券市场上的错误定价、提高市场效率是非常有帮助的。因此，本书的发现有利于投资实践和资本配置，这将提高中国市场的市场效率。

本书研究使用的数据主要来自 Wind 资讯，包括上市公司的财务数据和股票的收益率数据，样本区间为 2000 年 1 月至 2021 年 6 月。和 LSY 一致，我们仅使用 2000 年之后的数据主要有两个原因：（1）20 世纪 90 年代末，特别是 1998 ~ 1999 年，与证券交易和信息披露有关的法规大幅度增加，这使得会计信息在各个公司之间的可比性降低。从 2000 年开始，上市公司的财务数据会更加可靠。（2）自从 2000 年之后，上市公司股票的数量大幅增加，我们的样本里包含了足够多的观察数据。我们的投资组合需要包含至少 50 只股票，其中不包括上市时间少于 6 个月的股票、过去一年交易记录少于 120 天的股票以及过去一个月交易记录少于 15 天的股票。2000 年之前的样本，数据不符合上述投资组合构建的标准。关于借壳上市的案例数据，我们使用了同花顺提供的 iFinD 数据库，包括了 2007 年 1 月至 2021 年 6 月公布的 318 件中国借壳上市的交易。中国证监会在 2007 年为借壳上市建立了标准化的审核流程，因此我们主要关注 2007 年之后的借壳上市案例。

表 2 - 1 报告了中国每年 IPO 和借壳上市（RM）的数量，以及相关的政策变化。在样本的早期，由于严格的 IPO 政策，IPO 数量常常处于不平衡的状态，IPO 被市场解读为对股票市场的"抽血"。例如，2013 年 IPO 审批暂停一年，2014 年恢复。然而在再次允许 IPO 进行的同时，中国证券监督管理委员会（CSRC）宣布控制 IPO 的节奏，这被认为是收紧 IPO 的信号（Lee et al.，2021）。2017 年，证监会开始加快 IPO 审批流程，审批效率明显提升。2017 年后，年均 IPO 数量增加到 307 家左右。此外，退市公司数量也有所增加。

表 2 – 1　　　　历年 IPO 数量、借壳上市数量和重要的政策变化

年份	IPO 数量 （家）	主板上 市数量 （家）	创业板 数量 （家）	科创板 数量 （家）	借壳上 市数量 （家）	退市 数量 （家）	重要的 政策变化
2000	132	132	—	—		0	—
2001	77	77	—	—		3	—
2002	70	70	—	—		7	—
2003	67	67	—	—		4	—
2004	100	100	—	—		8	—
2005	15	15	—	—		12	—
2006	66	66	—	—		4	—
2007	125	125	—	—	10	5	借壳交易开始规范化
2008	77	77	—	—	32	0	—
2009	99	63	36	—	31	1	—
2010	347	230	117	—	23	2	—
2011	282	154	128	—	20	0	—
2012	155	81	74	—	23	0	—
2013	0	0	0	—	36	2	IPO 审批暂停一年
2014	125	74	51	—	38	0	证监会宣布控制 IPO 节奏， 被视为收紧 IPO 的信号
2015	219	133	86	—	43	2	—
2016	227	149	78	—	18	1	中国证监会发布了《上市 公司重大资产重组管理办法》
2017	436	295	141	—	6	2	IPO 流程审计效率大幅提升
2018	105	76	29	—	11	4	成立科创板和 IPO 注册制试点
2019	201	79	52	70	12	9	—
2020	394	142	107	145	10	17	IPO 注册制扩展至创业板
2021H1	245	74	85	86	5	13	注册制扩展到主板上市公司

注：本表报告了每年 IPO 数量、借壳上市的数量以及相应的政策变化。RM 代表借壳上市案例，GEM 代表创业板，STAR 代表科创板。

不出意外的是，RM 数量的趋势和 IPO 数量的走势相反。在 2017 年，关于 IPO 的严格监管使非上市公司获取上市地位变得困难，因此非上市公司变相通过借壳上市的方式来获取公开上市的机会。在 2013 ~ 2015 年，

借壳上市的案例达到了顶峰，但近年来，借壳上市的案例则大幅减少。2016 年 6 月，中国证监会就修改《上市公司重大资产重组管理办法》公开征求意见；三个月后正式生效。该文件的出台，将更多的并购案例认定为借壳上市，使借壳上市的监管更加严格，从而也降低了借壳上市的吸引力。

2018 年 11 月，上海证券交易所设立科创板（STAR），并推出注册制 IPO 制度试点。这一基于注册制的 IPO 制度于 2020 年推广到创业板（GEM），并计划于 2021 年推广到全市场。作为资本市场基础制度的改革，IPO 的注册制旨在提高直接融资比例，增加上市的数量，从而大幅降低公开上市作为壳价值的稀缺性。

第二节 股票市场中的壳价值

为了准确度量一家上市公司成为壳公司的先验概率，我们参考李等（2021）的做法，计算出来预期壳概率（expected shell probability，ESP）。壳公司，即高预期壳概率的公司。在数据处理中，为了降低壳公司的影响，一个最直接的方法就是剔除高预期壳概率的公司。LSY 剔除了市值最小 30% 的股票，以避免壳污染。但这些小市值的股票，并不一定是壳公司。换言之，小市值公司和壳公司并非总是同一类型的公司。

举例来说，所有的创业板股票都被禁止成为借壳上市标的，而在市值最小 30% 的股票中，却有 17.5% 的样本来自创业板。这表明机械地按照市值来去除壳污染的话，可能会降低我们样本的代表性。

为了进一步论证我们的观点，我们在表 2 - 2 的 Panel A 中汇报了基于公司市值 10 分组的 ESP 描述性统计。最小市值分组和最大市值分组的平均 ESP 分别为3%和0.01%，尽管市值分组间 ESP 呈现出单调递减的特征，但每一个市值分组的 ESP 市值仍然存在很多变化。我们同时也检查了每个分组内 ESP 数值大于1%和5%的比例。以最小市值的分组为例，只有77.29%的公司 ESP 大于5%、14.91%的公司 ESP 大于1%。壳公司不单单存在于最小的三个分组中，也存在其他分组里。举例来讲，在第4组和第5组中，有20.70%和8.05%的公司 ESP 大于1%。上述数据表明，尽管小公司里壳公司的数量较多，但小公司和壳公司并不完全重合。

表 2-2 　　　　　　不同规模分组和 ESP 分组下公司超额
回报对 SUE 的反应

Panel A：基于公司规模分组的 ESP 汇总统计

公司规模分组	1	2	3	4	5	6	7	8	9	10
ESP	3.00%	1.68%	1.11%	0.73%	0.48%	0.31%	0.19%	0.10%	0.04%	0.01%
ESP 的比例 >1%	77.29%	54.88%	36.81%	20.70%	8.05%	1.81%	0.33%	0.03%	0.00%	0.00%
ESP > 占5%	14.91%	3.22%	0.49%	0.06%	0.00%	0.00%	0.00%	0.00%	0.00%	0.00%

Panel B：不同规模和 ESP 分组下，公司超额回报对 SUE 的反应

Panel B1：按照规模分组					Panel B2：按照 ESP 分组				
规模分组	CAR [0, 0]		CAR [-3, 3]		ESP 分组	CAR [0, 0]		CAR [-3, 3]	
	系数	t-stat	系数	t-stat		系数	t-stat	系数	t-stat
1	0.17	5.62	0.32	6.45	1	0.27	11.33	0.49	13.38
2	0.27	8.92	0.51	10.08	2	0.33	11.62	0.58	13.04
3	0.24	7.76	0.52	10.08	3	0.34	11.54	0.60	13.00
4	0.29	9.58	0.57	11.33	4	0.39	12.56	0.67	13.28
5	0.26	8.55	0.55	11.16	5	0.40	12.66	0.75	14.55
6	0.32	10.93	0.68	14.15	6	0.29	9.28	0.61	12.05
7	0.39	13.84	0.62	13.71	7	0.30	9.25	0.56	10.45
8	0.39	14.10	0.67	15.17	8	0.27	8.39	0.44	8.62
9	0.32	12.00	0.61	14.60	9	0.22	7.50	0.39	7.93
10	0.29	13.50	0.50	14.98	10	0.15	5.05	0.31	6.22

注：Panel A 报告了基于规模十分位数的 ESP 汇总统计，包括 ESP 平均值、每组内 ESP 大于1%的比例、ESP 大于5%的比例。Panel B 汇报了不同规模和 ESP 分组下，在公司财报发布日（CAR[0,0]）和发布日前后三天（CAR[-3,3]）的累计异常收益对 SUE 的回归结果，我们报告估计系数（单位为%）及其对应的 t 统计量。

通常认为，壳公司在二级市场的表现更多地反映了 IPO 政策的冲击，而对公司基本面信息的反映较少。而小公司通常则为市值规模较小的正常公司。因此我们测试了公司基本面变化对股票收益的影响。按照文献里的通行做法，我们依据市值分组将股票分为 10 组，在每组的组内，我们进行将标准化意外盈余（SUE）回归到股票累计异常回报（CAR）上来，估计模型如下：

$$CAR_{i,t-k,t+k} = a + b\, SUE_{i,t} + e_{i,t} \qquad (2-1)$$

其中，$CAR_{i,t-k,t+k}$ 为股票 i 在时间 t - k 到 t + k 累计异常收益，我们使用市场收益率对股票收益率进行调整。此外我们使用季节性随机游走进行计算：

$$SUE_{i,t} = \frac{\Delta_{i,t}}{\sigma(\Delta_i)} \qquad (2-2)$$

其中，$\Delta_{i,t}$ 为股票 i 季度公司盈利的同比变化，$\sigma(\Delta_i)$ 为过去 8 个季度公司盈利的标准差。LSY 假定最小 30% 市值股票的收益率变化主要由壳价值的变化驱动。在这个前提下，我们预期最小 30% 的股票估计出来的 b 系数会比其他分位数要低。我们在表 2 - 2 的 Panel B1 中汇报了当 k 为 0 和 3 时，所有市值分组（其中 10 代表了全市场市值最高的分组）估计出来的方程（2 - 1）的结果。从回归结果中，我们可以看到，最小市值分组估计出来的 b 系数最小，但对于第二和第三最小市值分组的结果来说，估计出来的 b 系数并不比其他市值分组更小。在一定程度上表明了，根据市值分组的第 2 组和第 3 组的股票回报率也反映了很多的公司基本面信息。剔除了排名靠后的 30% 股票，同时也损失了大量有用的信息。

在 Panel B2 中，根据公式（2 - 1）对股票的 ESP（第 10 组代表 ESP 值最高的股票）进行计算，发现 ESP 最高组里，估计 b 系数的数值最小。上述证据表明，为了消除壳价值变化对股票收益率的影响，最好的方式是根据 ESP 进行样本筛选，而不是公司市值的大小。

借壳上市活动的萎缩，一定程度上要求我们需要对 LSY 提出的 CH-3 模型进行修正。如果我们在构建因子模型的过程中机械地遵循 LSY，并剔除最小 30% 市值的股票，那么可能有用的信息将被删除。在进行实证研究或评价投资组合绩效时，所得的风险溢价和 Alpha 也可能会被错误估计。本研究在 LSY 工作的基础上，讨论如何修正 CH-3 模型，并和其他主流的实证资产定价模型进行严格的模型比较。

第三节 因子模型的修正

本研究的目标是通过剔除壳股票来修正 CH-3 模型。高 ESP 的股票未来更有可能参与借壳上市的交易。为了剔除高 ESP 的股票，我们复制了李等（2021）构造期望壳概率（ESP）的流程。在构造因子模型的过程中，我们剔除了期望壳概率大于 1% 的股票，同时我们使用 0.1% 和 5% 作为替代的阈值进行稳健性检验。上述因子构建方式在我们的数据集中表现出了相似的解释效果。由于 ESP 仅能在 2011 年之后被估计出来，我们把 ESP 解读为一家公司成为壳公司的理性期望。在 2011 年之前，我们没办法建立上述模型去估计概率，因此我们使用全样本的股票去构造因子模型。我们将修正后的 CH-3 模型记录为 CH-3_R。

我们按照 LSY 的流程去构建三因子模型。在每个月，我们将样本区分为两组：小市值组（S）和大市值组（B），分位点我们选择股票市场的市值中位数。我们也选择将 E/P（盈利除以股价）作为公司价值的代表。我们根据公司价值将股票分为三组：最高 30%（V）、中间 40%（M）和最低 30%（G）。我们将市值和规模分组结合起来，形成市值加权组合。和 LSY 一致，SMB 和 VMG 可以被表示成如下形式：

$$SMB = \frac{1}{3}(S/V + S/M + S/G) - \frac{1}{3}(B/V + B/M + B/G) \quad (2-3)$$

$$VMG = \frac{1}{2}(S/V + B/V) - \frac{1}{2}(S/G + B/G) \quad (2-4)$$

市场因子是全市场市值加权股票收益率减去一年期银行定期存款。LSY 在 CH-3 的基础上还加入了换手率因子（PMO），以更好地解释交易相关的市场异象。加入 PMO 后的 CH-3 模型被称为 CH-4 模型。我们修正后的 CH-4_R 模型也加入了上述换手率因子。作为一个比较的基准，我们复制了 LSY 原始方法中的 CH-3 模型和 CH-4 模型。

在表 2-3 中，我们汇报了相关因子的描述性统计。CH-4_R 代表了依据 ESP 来删除壳公司的修正模型。我们展示了每一个因子模型的均值、标准差和 t-stat。表 2-3 同时也展示了 CH-4 和修正后的 CH-4（即 CH-4_R）的相关系数。加入小市值股票后，SMB 的数值就由每月 0.46% 增加到每月 0.74%（CH-4_R），同时两者高度相关。我们修正后的 MKT、VMG 和 PMO 因子和原始的 CH-4 因子在数值上是可比的。

表 2-3 相关因子的描述性统计

因子模型	因子	均值	标准差	t 值	相关性
CH-4	MKT	0.61	7.58	1.07	—
	SMB	0.46	4.42	1.60	—
	VMG	1.12	3.65	5.74	—
	PMO	0.74	3.48	3.77	—
CH-4_R	MKT	0.65	7.60	1.37	1.00
	SMB	0.68	4.73	2.30	0.98
	VMG	1.04	3.71	4.50	0.96
	PMO	0.79	3.35	3.78	0.96

注：表 2-3 报告了 CH-4 和 CH-4_R 的均值、标准差和 t 值。均值和标准差都以百分比（%）来表示。出于比较的目的，我们还汇报了修正后的因子模型和原始模型的相关系数。

第四节 因子模型的比较

接下来，参考霍德里克和张（Hodrick and Zhang，2001）、侯等（2015）和刘等（2019）的做法，我们进行严格的资产定价模型测试用以模型比较。比较的模型包括本书提出的修正模型和金融文献中提出的一系列同类的因子模型。我们首先对这些模型进行一个简要的介绍。

一、其他因子模型

其他因子模型包括 CAPM（以下为 MKT）、Fama-French 3 – Factor 模型（以下为 FF – 3）和 Carhart 4 – Factor 模型（以下为 Carhart – 4），上述模型是过去二十年发展起来的最有影响力的实证资产定价模型。然而，由于 FF – 3 未能解释美国市场上的部分异象，我们进一步将 Fama-French 五因子模型（以下简称 FF – 5）也包括进来，该模型增加了一个投资因子（conservative-minus-aggressive，CMA）和一个盈利因子（robust-minus-weak，RMW）。诺维·马克思（Novy Marx，2013）提出了盈利能力因子（profitability-minus-unprofitability，PMU），该因子通过总利润与资产的比率来衡量。其构建的四因子模型中，进一步包括了市场（MKT）、账面市值比（high-minus-low，HML）、动量（up-minus-down，UMD）和 PMU，该模型被证明可以解释大多数与盈利相关的异象。侯等（2015）在基于投资的资产定价理论基础上构建了一个新的实证模型，包括市场（MKT）、规模（market equity，ME）、投资（I/a）和盈利能力（ROE）①。除了少数例

---

① 以投资为基础的资产定价理论建立在新古典经济学中关于投资的 Q 理论上。

外，他们的 Q 因子模型在实证上优于 FF‑3 和 Carhart‑4。潘等（Pan et al.，2016）通过将交易量度量的流动性区分为投机性交易和其他成分，构建了一个与交易量相关的变量——异常换手率（ATR）。其构建的四因子模型［MKT、SMB、VMG（以市盈率作为分组依据）和 ATR］在中国市场有着良好的解释能力。

此外，我们还引入了由行为金融学视角发展起来的因子模型。斯坦博和袁（Stambaugh and Yuan，2017）提出的两个错误定价因子，考虑了过度自信和关注不足等行为偏差。丹尼尔等（Daniel et al.，2019）通过两个额外的因子捕捉了长期和短期的错误定价，并和市场因子一起形成了三因子模型，有效地解释了一系列市场异象。最后，我们也加入 LSY 构造的CH‑3 和 CH‑4 模型。表 2‑4 给出了各个因子模型的出处和缩写形式。

表 2 ‑4　　　　　　　　　　　同类因子模型列表

因子模型	因子	参考文献
CAPM	MKT	Sharpe（1964）
FF‑3	MKT, SMB, XML	Fama and French（1993）
Carhart‑4	MKT, SMB, HML, UMD	Carhart（1997）
FF‑5	MKT, SMB, HML, CMA, RMW	Fama and French（2015）
NM‑4	MKT, HML, UMD, PMU	Novy-Marx（2013）
PTX‑4	MKT, SMB, VMG, ATR	Pan et al.（2016）
HXZ‑4	MKT, ME, I/A, ROE	Hou et al.（2015）
SY‑4	MKT, SMB, MGMT, PERF	Stambaugh and Yuan（2017）
DHS‑3	MKT, FIN, PEAD	Daniel et al.（2020）
CH‑3	MKT, SMB, VMG	Liu et al.（2019）
CH‑4	MKT, SMB, VMG, PMO	Liu et al.（2019）

注：表 2‑4 总结了金融学文献中提出的其他解释股票横截面收益率的因子模型。

表 2‑5 汇报了同类因子模型的描述性统计。这些因子模型在学术界被广泛地讨论，评估上述因子模型对股票市场的定价能力具有重要的现实意义。

表 2 - 5　　　　　　　　　因子模型的描述性统计

因子模型	因子	均值	标准差	t-stat	因子模型	因子	均值	标准差	t-stat
CAPM	MKTRF	0.79	7.53	1.35	HXZ - 4	MKTRF	0.96	7.81	1.44
FF - 3	MKTRF	0.79	7.53	1.35		ME	0.77	4.34	2.58
	SMB	0.46	4.84	1.46		INV	0.04	2.03	0.32
	HML	0.20	3.81	0.90		ROE	0.72	3.56	3.51
Carhart - 4	MKTRF	0.79	7.53	1.35	PTX - 4	MKTRF	0.67	7.63	1.41
	SMB	0.46	4.84	1.46		SMB	1.16	5.22	3.57
	HML	0.20	3.81	0.90		VMG	1.21	2.89	6.71
	UMD	0.05	4.01	0.24		ATR	1.59	2.85	8.95
FF - 5	MKTRF	0.79	7.53	1.35	SY - 4	MKTRF	0.79	7.69	1.25
	SMB	0.48	4.66	1.61		SMB	0.59	5.63	1.60
	HML	0.20	3.81	0.90		MGMT	- 0.01	3.19	- 0.06
	RMW	0.24	3.39	1.20		PERF	0.57	4.53	2.14
	CMA	- 0.18	2.30	- 1.29	DHS - 3	MKTRF	0.79	7.69	1.25
NM - 4	MKTRF	0.79	7.53	1.35		FIN	0.31	2.69	1.87
	HML	0.22	1.86	2.04		PEAD	0.25	2.07	1.65
	UMD	- 0.22	2.75	- 1.13					
	PMU	0.12	1.73	1.21					

注：表 2 - 5 给出了本书比较的因子模型的描述性统计，包括 CAPM、FF - 3、Carhart - 4、FF - 5、NM - 4、HXZ - 4、PTX - 4、SY - 4、DHS - 3。MKTRF 指的是 MKT 减去无风险利率（以一年期存款利率为代理）。对于大多数因子模型来说，样本期为 2000 年 1 月至 2021 年 6 月，平均值和标准差的单位为%。而 HXZ - 4 的样本期为 2003 年 10 月至 2021 年 6 月，SY - 4 和 DHS - 3 的样本期为 2002 年 5 月至 2021 年 6 月。CAPM 来自夏普（1964）、FF - 3 来自法玛和弗伦希（1993）、Carhart - 4 来自卡哈尔（1997）、FF - 5 来自法玛和弗伦希（2015）、NM - 4 来自诺维 - 马克思（2013）、HXZ - 4 来自侯等（2015）、PTX - 4 来自潘等（2016）、SY - 4 来自斯坦博和袁（2017）、DHS - 3 来自丹尼尔等（2020）。

二、25 个 Fama-French 投资组合

为了更好地评估各个因子模型的定价能力，我们需要寻找合适的测试资产。我们参考法玛和弗伦希（1993）的做法，构建了 25 个 Fama-French 投资组合。中国上市公司提交年报的截止日期为 4 月 30 日。因此，

我们在每年的 4 月底分别按照规模和盈利收益率（E/P）将股票分为 5 组，两两交叉形成 25 个投资组合。上述投资组合在下一年的 4 月进行再平衡。我们在构建 Fama-French 投资组合时使用如下的筛选条件：（1）该股票上市时间至少大于 6 个月，以避免新发行的公司；（2）我们删除任何在过去一年里交易记录少于 120 天或在过去一个月里交易记录少于 15 天的股票，以避免长期停牌的公司。

表 2-6 汇报了 25 个 Fama-French 投资组合的均值、标准差和 t 统计量。E/P 比率最小的公司，其年化回报率为 16.56%，而 E/P 比率最高的公司年化回报率为 18.12%。在五分位数的分组中，随着 E/P 的增加，年化回报率表现出单调的增加。同时在每一个 E/P 分组里，小市值公司的平均收益要大于大市值公司的平均收益率。

表 2-6　　　　　　25 个 Fama-French 投资组合的描述性统计

投资组合	EP1	EP2	EP3	EP4	EP5
Panel A：均值					
SIZE1	1.38	1.51	1.44	1.72	1.51
SIZE2	1.03	1.02	1.18	1.33	1.63
SIZE3	0.59	0.76	0.92	1.19	1.39
SIZE4	0.44	0.55	0.79	1.05	1.24
SIZE5	0.16	0.44	0.54	0.46	0.85
Panel B：标准差					
SIZE1	10.46	10.50	10.46	10.11	10.14
SIZE2	10.55	10.48	10.14	9.28	9.04
SIZE3	10.01	10.00	9.54	9.20	8.77
SIZE4	10.00	10.03	9.21	8.83	8.55
SIZE5	9.37	8.98	8.31	7.69	7.40
Panel C：t-stat					
SIZE1	2.12	2.31	2.21	2.73	2.39
SIZE2	1.56	1.56	1.86	2.31	2.90
SIZE3	0.95	1.23	1.55	2.07	2.55
SIZE4	0.70	0.89	1.39	1.92	2.33
SIZE5	0.28	0.79	1.04	0.96	1.84

注：本表汇报了从 2000 年 1 月至 2021 年 6 月构建的 25 个 Fama-French 投资组合，扣除无风险利率（以银行存款利率为代理变量）之后的月回报率（单位为%）。投资组合编号为 ij，其中 i 表示 size 从 1 增加到 5，j 表示 E/P 的比率从 1 增加到 5。

三、基于 HJ 距离和 GRS 检验的模型比较

表 2-7 汇报了测试每个因子模型定价能力的两种方法。一种方法是 Hansen-Jagannathan（以下简称 HJ）距离，用于评估设定模型的定价误差。霍德里克和张（Hodrick and Zhang，2001）指出，较大的 HJ 距离会导致设定模型的精度降低。另一种方法是 Gibbon-Ross-Shanken 1989（以下简称 GRS）F 统计量，该方法通常用于联合检验 25 个 Fama-French 投资组合在因子模型调整后超额收益是否为零。

表 2-7　　　　　　　　　　　模型比较结果

因子模型	HJ 距离					GRS 测试	
	HJ	p-HJ	Max. Err	p-Wald-b	p-GMM	F-stat	P-value
Const	0.57	0.00	11.34	0.00	0.10	2.98	0.00
CAPM	0.56	0.00	11.12	0.00	0.07	2.88	0.00
FF-3	0.55	0.00	11.01	0.00	0.05	2.78	0.00
FF-5	0.40	0.08	8.09	0.00	0.30	2.68	0.00
Carhart-4	0.52	0.00	10.36	0.00	0.17	2.06	0.00
HXZ-4	0.43	0.09	8.69	0.00	0.43	2.97	0.00
NM-4	0.55	0.00	10.93	0.00	0.04	1.33	0.15
SY-4	0.40	0.42	8.10	0.00	0.57	2.27	0.00
DHS-3	0.55	0.00	11.10	0.00	0.10	2.46	0.00
PTX-4	0.40	0.06	8.01	0.00	0.31	2.48	0.00
CH-3	0.44	0.02	8.90	0.00	0.19	2.93	0.00
CH-4	0.43	0.03	8.60	0.00	0.29	2.74	0.00
CH-3_R	0.42	0.03	8.45	0.00	0.25	1.66	0.03
CH-4_R	0.40	0.11	7.93	0.00	0.44	1.55	0.05

注：本表报告了 GMM 比较的结果。Panel A 汇报了 HJ 距离，其中，HJ 表示真实的随机贴现因子（SDF）与代理因子模型之间的距离，p-HJ 表示对应的 p-值；Max. Err 是测试资产的最大定价错误；检验的原假设为来自 SDF 估计出来的 b 值为 0，p-Wald-b 是拒绝原假设下对应的 p 值；p-GMM 是 J 统计量对应的 p 值，原假设为最优 GMM 下所有投资组合定价误差等于零；面板 B 汇报了各个因子模型在 GRS 检验下对应的 F 统计量和 p 值。

我们首先简单介绍一下 HJ 距离的理论背景。在无套利条件下，N 个资产收益向量 R_t 存在随机折现因子（SDF）：

$$E(m_t R_t) = P \qquad (2-5)$$

当 R_t 表示无风险利率的超额收益时，价格向量为 0。实际上，实际的随机贴现因子 m_t 仍然是一个未知的变量。我们假设贴现因子 y_t 满足线性形式，因子模型的设定形式如下：

$$y_t = b'F = b_0 + b_1 f_t \qquad (2-6)$$

汉森和贾甘纳（Hansen and Jagannathan，1997）定义了实际贴现因子 m_t 和假定贴现因子 y_t 的距离：

$$\delta = \min E\big[(y_t - m_t)^2\big]^{1/2} \quad \text{s. t. } E(R_t m_t) = p \qquad (2-7)$$

GMM 方法可以用来估计 HJ 距离。贾甘纳和王（Jagannathan and Wang，1996）推导出来了 HJ 距离的分布；由此，我们可以给出在 δ 等于零的原假设下对应的 p 值。如果该模型能够正确定价无风险利率，$E(y_t) = E(m_t) = R_f^{-1}$，即可以将 HJ 距离描述为某一特定投资组合的最大定价误差。表 2-7 汇报了最大误差可以用 $R_f \delta$ 乘以投资组合的标准差来计算。此处，我们假设投资组合标准差为 20%。我们还汇报了 Wald 检验的 p 值，其原假设是来自 SDF 的估计 b 值为零。我们还展示了 J 统计量对应的 p 值，其原假设为：在最优 GMM 下所有投资组合定价误差都等于零。

表 2-7 的 Panel A 汇报了模型比较的结果。FF-5、HXZ-4、SY-4、PTX-4 和 CH-4_R 等多个模型在 5% 的显著性水平下不能拒绝原假设，即 HJ 距离为 0。这一发现表明，包括 CH-4_R 在内的模型可以为 25 个 Fama-French 组合定价。但 CH-4_R 在因子模型中 HJ 距离值最小，最大误差为 7.93%。HJ 距离检验进一步证实了 CH-4_R 是表现最好的因子模型。

我们还进行了 GRS 测试，并在 Panel B 中汇报了结果。大多数模型在

95%置信区间下无法对测试资产进行定价，而 CH－4_R、HXZ－4 可以解释测试资产，即超额收益为 0。这些结果表明，相较于其他模型，修改后的 CH－4 模型具有最好的定价性能。

四、比较模型解释异象的能力

我们不仅通过计算 HJ-distance 和 GRS 检验来判断因子模型的定价效果，而且还通过与其他同类模型相比，检验它们解释异象的能力。作为一项系统地针对中国股市异象的研究，侯等（2021）在论文中构造了 122 个市场异象。首先，我们将这些异象分为两类：交易相关异象和会计信息相关异象。我们进一步将与交易相关的异象区分为流动性、风险和过去收益，同时将与会计信息相关的异象区分为盈利能力、价值、投资和其他（Hou et al.，2021）。[①] 样本区间为 2000 年 1 月至 2021 年 6 月，异象组合是市值加权的多空组合，且每月进行再平衡操作。其次，我们仅保留了横截面上收益率在 5% 显著性水平下显著的异象。在基于全市场股票数据构造异象时，我们使用了文献里广泛使用的筛选条件：（1）上市不到 6 个月的股票，以避免新股的影响；（2）过去一年交易日少于 120 天或者过去一个月交易日小于 15 天的股票。与 LSY 论文里不同的是，我们构造异象时并未剔除最小 30% 市值的股票。对于中国市场的研究来说，21 年的时间相较于美国市场的研究时间要短，因此，关于异象统计意义上的显著表现，需要更加谨慎地去解释。

在 46 个显著的异象中，31 个与交易有关（大约一半与流动性有关），15 个与会计信息有关。因此，与交易相关的异象在中国市场似乎比在美国市场更为重要。这些异常现象可能是中国市场散户投资者占比较多的

---

① 对于异象的构造及分类，感兴趣的读者可以参考侯等（Hou et al.，2021）研究的附录。

结果。这一发现与侯等（2021）的研究一致。接下来，我们使用一系列因子模型去解释上述 46 个异象，并统计无法被解释的数量，即 Alpha 不显著为 0。

在表 2 - 8 的 Panel A 中，我们汇报了以 $|t| > 1.96$ 作为阈值的结果。原始的 CH - 3 和 CH - 4 可以解释 46 个异象中的一半，但是我们的修正模型 CH - 3_R 和 CH - 4_R 可以提供更多的解释力。例如，有 21 个异象从 CH - 4 中幸存下来，但仅有 19 个从 CH - 4_R 中幸存下来。修正模型可以更好解释流动性异象（CH - 4_R 只有 7 个流动性异象，CH - 4 有 10 个）。我们还列出了其他同类因子模型的结果。与之形成鲜明对比的是，剩下的模型表现出的解释力要差得多。虽然 CAPM、FF - 3、Carhart - 4 和 FF - 5 不能解释 46 个显著异象中的大多数，但 PTX - 4 的表现与 CH - 4_R 有着一定的可比性。

表 2 - 8　　　　　　　　　未被解释的市场异象数量

因子模型	交易量相关的市场异象			会计指标相关的市场异象				
	流动性	风险	历史收益	盈利能力	价值	投资	其他	总计
cut-off 为 $|t| > 1.96$	15	11	5	10	0	0	5	46
CH - 3	12	2	2	4	0	0	3	23
CH - 4	10	2	1	4	0	0	4	21
CH - 3_R	10	2	2	4	0	0	3	21
CH - 4_R	7	2	2	4	0	0	4	19
CAPM	15	10	5	10	0	0	4	44
FF - 3	15	8	3	10	0	0	5	41
Carhart - 4	15	8	4	10	0	0	4	41
FF - 5	15	8	8	10	0	0	8	41
NM - 4	14	5	4	9	0	0	4	36
HXZ - 4	13	9	3	0	0	0	2	27
PTX - 4	7	4	2	4	0	0	2	19
SY - 4	10	7	3	8	0	0	4	32
DHS - 3	11	5	4	6	0	0	4	30

续表

因子模型	交易相关的市场异象			会计相关的市场异象				
	流动性	风险	历史收益	盈利能力	价值	投资	其他	总计
Cut-off 为 |t|>2.85	10	10	3	3	0	0	3	29
CH－3	11	1	1	0	0	0	2	15
CH－4	6	1	1	3	0	0	1	7
CH－3_R	8	1	1	0	0	0	1	11
CH－4_R	2	2	1	0	0	0	1	6
CAPM	9	8	1	3	0	0	3	24
FF－3	14	8	1	10	0	0	3	36
Carhart－4	15	7	2	9	0	0	4	37
FF－5	15	7	2	7	0	0	2	33
NM－4	9	2	2	4	0	0	4	21
HXZ－4	8	7	1	0	0	0	1	17
PTX－4	3	2	2	0	0	0	1	8
SY－4	7	7	0	8	0	0	4	26
DHS－3	8	2	3	3	0	0	4	20

注：本表汇报了不同因子模型对侯等（2021）构造的 122 个市场异象中无法解释的数量。异象组合通常由多空组合构成，其做多仓位是按照异象分组最高一组的市值加权组合，做空仓位是异象分组最低一组的市值加权组合，做空组合常常和未来较低的预期收益有关。我们复制了 122 个市场异象，仅保留了 46 个原始收益率在横截面上 5% 显著性水平下显著的异象。我们进一步将上述异象区分为交易相关和会计信息相关的异象。Panel A 将显著的阈值设定为：|t|>1.96，而 Panel B 则考虑了多重检验，将阈值设定为 |t|>2.85。CH－3_R/CH－4_R 代表剔除 ESP 概率大于 1% 的 CH－3/CH－4 模型。CAPM 来自夏普（1964）、FF－3 来自法玛和弗伦西（1993）、Carhart－4 来自卡哈尔（1997）、FF－5 来自法玛和弗伦西（2015）、NM－4来自诺维－马克思（2013）、HXZ－4 来自侯等（2015）、PTX－4 来自潘等（2016）、SY－4 来自斯坦博和袁（2017）、DHS－3 来自丹尼尔等（2020）。样本期为 2000 年 1 月至 2021 年 6 月（258 个月）。

由于多重测试已经开始在实证资产定价文献中获得关注，以避免结果被来自数据挖掘偏差导致的假阳性所驱动（Harvey et al.，2016），侯等（2021）提出中国股票市场的多重检验对应的 t 值应为 2.85。因此，我们也设定了以 |t|>2.85 作为阈值，并在表 2－8 的 Panel B 中汇报了未解释异象的个数。原始 CH－3 和 CH－4 分别无法解释其中约 1/3 和 1/7 的异象，而 CH－3_R 和 CH－4_R 中无法解释的异象数量更少。与 Panel A 的

结果一致，这种差异主要源于修正后的因子模型对流动性异象的强大解释能力。同样，其他的因子模型表现仍然较差，市场异象表现出较高的存活率。但是，PTX-4 有着较强的异象解释能力。

总体而言，LSY 提出的 CH-3 和 CH-4 的解释力明显优于中国市场上其他流行的因子模型。而我们对 LSY 模型的修改，通过剔除高壳概率的公司，有助于提升模型适应中国市场的灵活性，也进一步提升模型对市场异象的解释能力。在实证模型的测试中，上述修正显著提升了模型的表现。

接下来，我们通过计算异象在因子模型调整后的 Alpha 平均值来比较模型。参考 LSY 的做法，我们在表 2-9 中汇报了异象多空组合平均的 Alpha 绝对值和平均的 t-stat 绝对值。样本时间段为 2000 年 1 月至 2021 年 6 月。原始 CH-3 和 CH-4 产生的平均 Alpha 绝对值分别为每月 0.63% 和 0.56%，每年约为 7%，对应的平均绝对 t 统计量（滞后 4 阶的 Newey-west 调整）分别为 2.25 和 1.96。我们修正后的模型将月平均 Alpha 绝对值的量级降低了约 0.10%，尽管从 Alpha 的数值上来看没有明显的改善，但平均 t 统计量绝对值都远低于 1.96。在这些发现中，CH-4_R 表现最好，每月平均 Alpha 绝对值为 0.51%（平均 t 统计量绝对值只有 1.66）。我们也展示了其他同类因子模型的结果。产生的平均 Alpha 绝对值每月范围为 0.66%~1.03%，即每年 8%~12%，这几乎是使用我们修正模型调整后 Alpha 的两倍，同时其 t 统计量也要更大。

表 2-9 因子模型解释异象的能力

因子模型	平均的 Alpha 绝对值	平均的 t-stat 绝对值
CH-3	0.63	2.25
CH-4	0.56	1.96
CH-3_R	0.58	1.93

续表

因子模型	平均的 Alpha 绝对值	平均的 t-stat 绝对值
CH－4_R	0.51	1.66
CAPM	1.02	2.95
FF－3	1.03	4.04
Carhart－4	1.03	4.29
FF－5	0.92	3.54
NM－4	0.98	3.06
HXZ－4	0.81	2.37
PTX－4	0.66	1.85
SY－4	0.96	3.27
DHS－3	0.97	2.63

注：本表汇报了不同因子模型调整后的 Alpha。对于每个因子模型，本表汇报了 46 个显著的异象对应的 Alpha 绝对值（单位为%，月度）和 t-stat 值（Newey-West t-stat，滞后 4 期）。异象组合的做多仓位是按照异象分组最高一组的市值加权组合，做空仓位是异象分组最低一组的市值加权组合，做空组合常常和未来较低的预期收益有关。CH－3_R/CH－4_R 代表剔除 ESP 概率大于 1% 的 CH－3/CH－4 模型。CAPM 来自夏普（1964）、FF－3 来自法玛和弗伦西（1993）、Carhart－4 来自卡哈尔（1997）、FF－5 来自法玛和弗伦西（2015）、NM－4 来自诺维－马克思（2013）、HXZ－4 来自侯等（2015）、PTX－4 来自潘等（2016）、SY－4 来自斯坦博和袁（2017）、DHS－3 来自丹尼尔等（2020）。样本期为 2000 年 1 月至 2021 年 6 月（258 个月）。

前面的检验结果表明：我们的修正因子模型优于文献中提出的其他模型。表 2－10 汇报了 CH－4_R 和 CH－4 在解释流动性异象上的差异，我们汇报了两个模型解释 15 个显著的流动性异象对应的 Alpha 和 t 统计量。对于 CH－4 模型来说，10 个异象仍然具有显著的 Alpha，平均值为 0.53%，t 值为 2.58。作为对比，CH－4_R 的模型只有 7 个异象仍然显著，Alpha 平均值为 0.39%，t 值为 1.80。具体来看，CH－4_R 能够更好地解释 Ami1_daily（过去一个月的 Amihud illiquidity）、dtv1/6/12_daily（过去 1/6 个月的交易金额）和 vdtv1/6_daily（过去 1/6 个月交易金额的变化）的表现。上述异象被认为是中国市场最重要异象之一（Hou et al., 2021）。

表 2 – 10　　　　　　因子模型解释流动性异象的能力

异象名称		CH – 4		CH – 4_R	
		α	t-stat	α	t-stat
abturn_daily	异常换手率	0.08	0.43	0.10	0.47
Ami1_daily	过去 1 个月的 Amihud	0.52	3.59	0.29	2.11
cvdtv_daily	成交金额的变动系数	0.93	2.35	0.94	2.52
cvturn_daily	股票换手率的变动系数	0.89	2.72	0.92	2.73
dtv1_daily	过去 1 个月的成交金额	0.53	3.49	0.22	1.44
dtv6_daily	过去 6 个月的成交金额	0.44	2.32	0.18	0.97
dtv12_daily	过去 12 个月的成交金额	0.66	3.70	0.40	2.31
Lm1_daily	按成交量调整的过去 1 个月成交量为零的数量	0.03	0.11	0.06	0.18
tacap	市值	1.14	5.97	0.87	5.92
turn1_daily	过去 1 个月的每日换手率	0.13	0.50	0.16	0.50
vdtv1_daily	过去 1 个月交易金额的变化	0.66	4.13	0.35	2.19
vdtv6_daily	过去 6 个月交易金额的变化	0.51	2.69	0.19	0.99
vdtv12_daily	过去 12 个月交易金额的变化	0.81	4.77	0.52	3.02
vturn1_daily	过去 1 个月股票换手率的变化	0.39	1.37	0.43	1.27
vturn6_daily	过去 6 个月股票换手率的变化	0.16	0.50	0.14	0.43
均值		0.53	2.58	0.39	1.80

注：本表报告了 CH – 4 和 CH – 4_R 模型调整后的 Alpha（单位%，月度）和 t 统计量（Newey-West t 统计量，滞后 4 期）。解释的异象为 15 个显著的流动性异象。异象组合的做多仓位是按照异象分组最高一组的市值加权组合，做空仓位是异象分组最低一组的市值加权组合。CH – 4_R 代表剔除 ESP 概率大于 1% 的 CH – 4 模型。样本期间为 2000 年 1 月到 2021 年 6 月（258 个月）。

综上所述，本书进行的模型比较表明：我们提出的修正模型要优于原始的 CH – 3/4 模型以及其他同类模型。具体从三个方面进行了论证，包括模型设定误差的比较、对 25 个 Fama-French 投资组合的解释和对中国股市 122 个市场异象的解释。

五、稳健性检验

我们进行了若干稳健性测试，以保证主要实证结果的可靠性。在模型构建环节，尽管按照1%的概率来筛选样本相对比较随意，但主要结果对于使用0.5%和5%作为阈值仍然保持稳定。由于数据上的限制，修正后的CH-3模型只能在2011年之后才能引入估算的壳概率。因此，我们使用2011年1月至2021年6月的样本区间重新去评价各类因子模型。和其他同类模型相比，我们修正后的CH-3和CH-4模型仍然具有可比的解释能力。

第五节 讨论

由于中国市场IPO政策发生的变化，本书提出了一种修正后的因子模型。LSY在构造CH-3/4模型时剔除了最小30%市值的股票，以消除壳价值变化对资产价格的影响。本书证实了在LSY原文使用了样本之后，公司进行借壳上市的活动大幅度减少。因此，在实证资产定价的研究中，机械地剔除最小30%市值的股票会损失重要的信息。本书采用一种不同的方式，我们仅剔除了具有高壳概率的公司。

在检验模型的表现时，我们重新按照size和E/P进行双重排序构造了Fama-French 25个投资组合。我们使用了HJ距离来计算真实随机贴现因子（SDF）和线性因子模型之间的定价误差。接下来，我们使用GRS检验来检查因子模型对25个Fama-French投资组合的解释能力。上述两个检验都表明，修正后的模型具有较好的解释能力。最后，我们检验了模型对中国市场异象的解释能力。由于我们的模型可以更好地解释侯等（2021）提到的市场异象，这进一步证明了修正模型的解释能力。尤其值得指出的是，相较于原来的CH-4模型，修正后的模型能够解释更多的流动性异象。总的来说，在LSY的基础上，本书为中国股票市场的实证资产定价提供了一个更加有效的基准。

第三章
Chapter 3

风险因子和因子择时

 第一节　因子动物园

政府通过制定各种经济政策来改变市场环境，因此经济政策的变化也会影响经济主体的预期和决策。作为一个快速发展的新兴市场，中国的经济与政治环境与美国和其他西方国家存在较大差异。经济政策变化对中国市场的影响尤为突出。正如莱波德等（Leippold et al.，2022）所提到的，中国资本市场也具有一些独特的特点，如集中控制、银行主导和关系驱动等，这些特点促进了政策变化对不同公司影响的异质性。例如，小公司在流动性冲击存在的情况下面临着比大公司更强的融资限制。上述事实也对资产定价产生一系列影响。帕斯托尔和韦罗内西（Pástor and Veronesi，2012）建立了一个理论模型，并讨论了政策不确定性对股市的影响。同时，股价对政策变化的反应也存在一定程度的异质性，对政策不确定性暴露程度较高的公司将具有更大的预期回报。经济政策不

确定性（EPU）将影响公司和投资者的选择。在 SDF 中，EPU 可以作为影响股票回报的状态变量。在本研究中，我们从因子择时的角度探讨了 EPU 对因子回报的预测能力，从而为帕斯托尔和韦罗内西（2012）发展的理论模型提供了新兴市场的进一步实证证据。

同时，作为世界第二大股票市场，中国股票市场（A 股市场）截至 2020 年已有 4000 多家上市公司，总市值超过 10 万亿美元（包括上海证券交易所和深圳证券交易所）。此外，中国股票市场通过多个渠道（如合格境外机构投资者计划和沪港通）越来越容易接触到外国投资者。卡朋特等（Carpenter et al.，2021）指出，中国股票市场为全球投资者提供了多样化的机会和较高的平均回报。因子投资的方式也适用于中国市场，可以帮助投资者（特别是外国投资者）在资产配置中主动管理 A 股市场的风险暴露。

在本书中，我们检查了文献中 16 个因子特征，且因子收益率由单个股票特征构建。我们主要发现 EPU 可以预测规模溢价，且具有负向效应。然而，我们也发现 EPU 并不能预测其他因子收益。当我们选取其他流行的预测因子作为控制变量时，发现 EPU 的预测能力仍然成立。在样本外测试中，我们观察到 EPU 具有优异的预测能力，并且具有正的 R^2（样本外）值。

就因子择时研究而言，哈达德等（Haddad et al.，2020）使用异常收益的价值差作为 50 种特征相关因子收益的最大主成分的预测因子。规模溢价在现有文献中从多个维度被广泛讨论，如公司折现率（Berk，1995）、违约相关信息（Vassalou and Xing，2004）、投资机会的变化（Liew and Vassalou，2000）和流动性（Liu，2006）等。由于 EPU 是经济活动的状态变量，它可能影响规模溢价的驱动力。政策不确定性极大地影响上市公司面临的外部环境。当不确定性增加时，企业将对新的投资机会保持谨慎，并且破产风险也会增加。同时，不同类型的公司在面对不确定性影响时也存在异质性。由于大公司比小公司有更大的缓冲能力，因此 EPU 会负面影响规模溢价的预测。此外，我们提供了几个可能的经济解释。在现金流渠道中，EPU 可以预测大型股票的整体超预期盈余。由于 SMB 因子做多小型股票并做空大型股票，我们预计 EPU 的预测能力来自做空大型股票的头寸。在第二个渠道中，EPU 可以影响基金经理的行为。在高 EPU 时期，基金经理往往倾向于购买大型股票的大量持仓以寻求安全，从而推高大型股票的表现。由于 EPU 是一个基于新闻的指标，人们可能会怀疑 EPU 是投资者注意力的代理。阿里和乌尔库（Ali and Ülkü，2020）指出，散户投资者更喜欢小型和更具投机性的股票，这导致 SMB 的正收益。我们使用社交媒体上的帖子数量来描述投资者的注意力，并发现投资者的注意力无法完全捕捉到 EPU 的预测能力。因此，我们可以排除基于注意力的解释。

我们的研究对文献的贡献有三个方面。首先，我们致力于估计 SDF，这在资产定价中起着至关重要的作用。科克伦（Cochrane，2005）指出，包括 SDF、因子模型和均值—方差边界在内的三种表示方法是等效的。如果一个预测特征（如本研究中的 EPU）在经验上可以预测因子收益，那么最优投资组合构建和 SDF 估计也将因其具备可预测性而变得更好。其次，我们揭示了 EPU 对新兴市场股票价格具有异质性影响，从而为帕斯托尔和韦罗内西（2012）的理论模型提供了进一步的实证证据。同时，贝克等（Baker et al.，2016）发现政策不确定性可以影响政策敏感性行业的股价和公司行为，如国防、医疗保健、金融和基础设施建设等。在本研究中，我们采用了另一种视角，从行业到因子组合，研究它们的异质性影响，创新性地将 EPU 与中国市场的因子择时联系起来。相比之下，现有的大多数研究集中在收益可预测性和公司行为方面（如公司创新和投资）。最后，我们提供了关于 EPU 如何在中国预测因子收益的新证据，包括样本内和样本外。在我们研究的 16 个因子中，只有规模因子可以被 EPU 显著预测。因此，我们的结果可以帮助投资者有效地实现因子择时并赚取规模溢价。因子择时是业界从业者非常感兴趣的概念。随着因子投资的日益流行，个人可以以合理的成本来获得因子的风险溢价。例如，因子择时策略可以是可交易的组合，使用智能贝塔 ETF 作为工具。

陈等（Chen et al.，2020）也提供了中国市场中因子择时的证据。当我们讨论投资组合经理积极管理的经济渠道时，我们的研究与陈等（2020）的研究得到类似的结论。然而，我们进一步表明，投资组合经理可能利用 EPU 信息进行规模择时。这两个研究的重点和含义不同。我们的研究重点是政策变化对因子收益的经济后果，而前者主要探讨了共同基金经理的因子择时能力。

本章其余内容如下：第二节为实证研究提供了一个概念框架；第三节描述了数据和方法论；第四节会介绍基本的实证模型和发现，包括样本内和样本外的回归结果；第五节讨论了其经济解释；第六节进行总结。

第二节 基于经济学理论的概念框架

我们为后续的实证检验搭建了一个概念框架。借鉴帕斯托尔和韦罗内西（2012，2013）的理论模型，我们首先讨论了市场参与者（包括散户投资者和机构投资者）如何对中国市场的政策变化形成信念。之后，我们探讨了 EPU 在 SDF 中的作用以及其他可能的解释。

一、市场参与者

基于中国资本市场的独特设定以及谢夫瑞和斯塔特曼（Shefrin and Statman，1994）的理论模型，我们假设信息交易者和噪声交易者会参与到市场之中。通常，机构投资者是信息交易者，他们依靠贝叶斯规则形成对政府政策和未来股票收益估计的预期。然而，噪声交易者并不依赖贝叶斯法则，会犯认知错误。虽然琼斯等（2020）记录了个人投资者之间的异质性，但他们观察到中国大多数散户投资者的行为更类似噪声交易者。根据 2016 年发布的《上海证券交易所统计年鉴》的数据，散户投资者贡献了 85% 以上的交易量，但只持有不到 20% 的股票。研究还发现，在"因子动物园"中，由散户投资者过度交易引起的流动性异象最为显著。散户可能无法处理政策变化，也就是说，他们可能没有关于政策变化的先验信息。

二、SDF 中的政策不确定性

帕斯托尔和韦罗内西（2012）基于三个关键假设探讨了政策不确定性与股价之间的交互作用：（1）政府是准善意的；（2）政府政策不确定性可以分为政策变化不确定性及其影响的不确定性；（3）所有政策选择的影响都是先验相同的。

我们在概念框架中采用了这三个假设。最重要的是，帕斯托尔和韦罗内西（2012，2013）认为 SDF 变化的原因包括了政策不确定性。政治冲击和经济冲击都会对 SDF 产生影响。线性因子模型可以看作是一个简单的 SDF，可以使用模拟投资组合的方式来估计风险溢价。然而，关于风险溢价的来源，学术界尚未达成共识。政策不确定性可能会影响因子模型中的风险溢价，从而促使我们探索政策不确定性影响因子回报的内在机制。

三、进一步解释

根据之前的讨论，我们假定了可以解释因子回报可预测性的两个渠道。第一，对于现金流渠道，帕斯托尔和韦罗内西（2012）在一般均衡模型中将企业盈利变化添加到政府的决策中。基于贝叶斯法则的决策者形成了对预期盈利能力的信念。因此，上市公司的现金流将在很大程度上受到政府政策的影响。第二，市场参与者可能对政策变化有不同的反应。信息交易者根据贝叶斯法则学习政策的不确定性。当基于新闻的 EPU 增加时，政府很可能会在随后的一段时间内改变其政策。企业对政府政策的风险敞口也存在异质性，此时具有特定特征的企业可能会从政策变化中受益，而其他企业则可能不会。因此，信息交易者可能会利用他们的先验信息，购买那些将从政策变化中受益的公司，并出售那些对政策变化反应较弱的公司。噪声交易者则不能及时了解政策变化，主要依靠过去的价格信息来形成他们的信念。

综上所述，SDF 的政策不确定性可能会影响以因子收益为代表的风险溢价，现金流影响和投资者行为可能给出进一步的解释。因此，我们设计了严格的实证检验来验证我们的假设。

第三节 因子数据和研究方法

一、数据来源

贝克等（Baker et al.，2016）提出使用报纸报道的频率作为衡量经济政策相关不确定性变动的代理指标。在本研究中，我们从网站①上收集了贝克等（2016）构建的中国经济政策不确定性（EPU）指数的信息。在构建中国背景下的 EPU 时，月度 EPU 指数主要基于中国香港主流英文报纸《南华早报》（South China Morning Post）的报道。根据网站公开信息，作者首先定义了中国 EPU 的术语集合：｛China，Chinese｝、｛economy，economic｝和 ｛uncertain，uncertainty｝。一篇文章必须至少包含一个定义的术语集合中的词汇，以确定与 EPU 相关。至于政策问题，一篇文章必须满足以下文本筛选条件：｛｛policy 或 spending 或 budget 或 political 或 "interest rates"或 reform｝和 ｛government 或 Beijing 或 authorities｝｝或 tax 或 regulation 或 regulatory 或 "central bank" 或 "People's Bank of China" 或 PBOC 或 deficit 或 WTO。基于搜索程序，确定了与政策相关经济不确定性的文章数量。接下来，将每月频率计数除以同月所有文章的数量。最后，作者根据贝克等（2016）文中记录的乘法因子对 EPU 指数进行标准化。

来自严谨的媒体报道的 EPU 可以作为衡量经济政策引起的不确定性的变量，在微观和宏观层面影响着经济。在微观层面，贝克等（2016）发现政策不确定性与政策敏感部门（如国防、医疗保健、金融和基础设施建设）的股价波动增加、投资和就业减少有关。鉴于 EPU 对公司的异

---

① http：//www.policyuncertainty.com/.

质性影响，我们还通过将 EPU 与因子择时联系起来，丰富了该领域的文献。在宏观层面，贝克等（2016）记录了政策不确定性的创新预示着美国的投资、产出和就业下降。因此，EPU 可以成为驱动资产定价变化的状态变量。在本研究中，我们将 EPU 与因子回报联系起来。

为了研究 EPU 指数对因子回报的预测能力，我们测试了其对 16 个因子的预测能力。我们在研究[①]中使用的大多数因子模型在文献中均有详细记录。例如，刘等（Liu et al.，2019）在顶级金融期刊上提出了适用于中国独特背景的 CH－3 模型。与此同时，李和饶（Li and Rao，2022）评估了在不同测试资产下的不同资产定价模型。因此，我们相信我们的因子覆盖可以全面考察中国 A 股市场的风险因子。因子的描述显示在表 3－1 的 Panel A 中。我们根据刘等（2019）的方法创建了规模因子（SMB）、价值因子（VMG）和市场因子（MKTRF）。我们从金融数据库 Wind 中收集了中国 A 股市场的月度股票回报数据，同时从网站[②]上下载了其他因子的回报。全部因子样本期为 2000 年 1 月至 2021 年 6 月。由于数据限制，斯坦博和袁（Stambaugh and Yuan，2017）提出的管理因子（MGMT）和绩效因子（PERF）、丹尼尔等（Daniel et al.，2020）开发的融资因子（FIN）和忽视因子（PEAD）以及侯等（Hou et al.，2015）构建的 ROE 因子（R_{ROE}）和投资因子（$R_{I/A}$），分别从 2002 年 4 月、2002 年 5 月和 2003 年 10 月开始。为了比较 EPU 指数的预测能力，我们还从文献中测度了 20 个经济预测因子，这些预测因子的详细描述展示在表 3－1 的 Panel B 中。

---

①　对于其他来源，我们应注意汉诺尔和劳特巴赫（Hanauer and Lauterbach，2019）所使用的因子与我们选择的因子之间的区别。首先，汉诺尔和劳特巴赫（2019）关注的是异常收益，而我们关注的是在权威文献中记录的因子收益。其次，汉诺尔和劳特巴赫（2019）尝试探索新兴市场横截面的股票回报，他们的结论可能不适用于中国环境。与较为一体化的发达市场不同，新兴市场之间存在强烈的市场分割。例如，中国市场存在资本管制，外国投资者长期以来不被允许参与 A 股市场。

②　https：//www.factorwar.com/data/factor-models/.

表 3 - 1

核心变量描述

Panel A

因子模型	因子	度量方式	分组方式	投资组合构成	公式
Liu-Stambaugh-Yuan - 3	SMB, VMG, MKTRF	市值是由市场股价决定的，即日收盘价与A股总发行量的乘积。收益价格比（EP）是将净利润（不包括非经常性损益）除以日收盘价乘以总流通股数得出的。市场超额回报（MKTRF）是指超过无风险利率的市场回报。作为无风险利率，我们使用了一年期存款利率	首先，我们遵循刘等（2019）的方法应用一系列筛选条件。然后，以避免壳价值污染，我们剔除了最小的30%股票。接着，我们根据剩余A股股票的底部30%（增长型）、中间40%（中等）和顶部30%（价值型）的分位数将股票划分为三个EP组。我们还基于A股股票总市值的中位数将股票分为小型和大型（S和B）两组	我们交叉两个市值组（ME）和三个收益价格比组（EP），构建了六个投资组合：小型成长（S/G）、小型中等（S/M）、小型价值（S/V）、大型成长（B/G）、大型中等（B/M）和大型价值（B/V）。所有投资组合均按市值加权，并每月重新平衡	$SMB = 1/3[(S/V + S/M + S/G) - (B/V + B/M + B/G)]$, $VMG = 1/2[(S/V + B/V) - (S/G + B/G)]$
Fama-French - 3	SMB, HML, MKTRF	规模是用第t年4月底的市值来衡量的。账面价值的计算方法是用第t-1日历年结束的会计年度的账面价值除以第t-1日历年结束时的市场权益。MKTRF是市场超额收益（Fama and French, 1993）	我们根据底部30%（低）、中间40%（中等）和顶部30%（高）的分位数排名，将所有A股股票分为三个BM组。我们还基于A股股票总市值的中位数将股票分为小型和大型（S和B）两组	我们交叉两个账面市值比组（BM），构建了六个投资组合：小型低（S/L）、小型中等（S/M）、小型高（S/H）、大型低（B/L）、大型中等（B/M）和大型高（B/H）。所有投资组合均按市值加权，并每月重新平衡	$SMB = 1/3[(S/H + S/M + S/L) - (B/H + B/M + B/L)]$, $HML = 1/2[(S/H + B/H) - (S/L + B/L)]$
Carhart - 4	UMD	动量是按照卡哈特（Carhart, 1997）的方法，通过滞后一个月的累计11个月回报来衡量的	我们将所有A股股票分为三个一年动量组，基于底部30%、中间40%和顶部30%的分位数排名	我们计算投资组合回报，作为最高30%公司（U）和最低30%公司（D）的等权平均值。投资组合每月重新平衡	$UMD = U - D$

续表

Panel A

因子模型	因子	度量方式	分组方式	投资组合构成	公式
Fama-French-5	RMW, CMA	营运盈利能力是通过营业收入除以账面价值来衡量的。投资是通过总资产的变化来衡量的。所有财务数据均在 t-1 年度末获得。市值是在 t 年 4 月末的市值来衡量的。具体细节可以参见法玛和弗朗西斯（2015）的研究	我们将所有 A 股股票分为三个 OP 组 [基于底部 30%（弱）、中间 40%（中性）和顶部 30%（强）] 的分位数排名。我们还将所有 A 股股票分为三个 INV 组，基于底部 30%（保守）、中间 40%（中性）和顶部 30%（激进）的分位数排名。我们还基于 A 股股票总市值的中位数，将股票分为小型和大型两组（S 和 B）	我们交叉两个市值组（ME）、三个营运盈利组（OP）和三个投资组（INV）和三个账面市值比组（BM），构建了 18 个投资组合。所有投资组合均按市值加权，并每年重新平衡	$RMW = 1/2\ (S/R + B/R) - 1/2(S/W + B/W)$, $CMA = 1/2\ (S/C + B/C) - 1/2(S/A + B/A)$
Novy-Marx-4	PMU, UMD	毛利润率是用毛利润除以资产来衡量的。动量是按照诺维-马克思（2013）的方法，通过滞后一个月的累计 11 个月回报来衡量。市值是在 t 年 4 月末的市值来衡量	我们将所有 A 股股票分为三个 GP 组，基于底部 30%（低盈利）、中间 40%（中性）和顶部 30%（高盈利）的分位数排名。我们将所有 A 股股票分为三个动量组（中底部 30%（下跌）、中间 40%（中性）和顶部 30%（上升）的分位数排名。我们还基于 A 股股票总市值的中位数的中位数，将股票分为小型和大型两组（S 和 B）	我们交叉两个市值组（ME）、三个毛利率组（GP）、三个动量组和三个对数账面市值比组 [log（BM）]，构建了 18 个投资组合。所有投资组合均按市值加权。PMU 投资组合在每个行业中中和，并进行行业中和。UMD 投资组合每年 4 月底重新平衡。UMD 投资组合每个月重新平衡	$PMU = 1/2\ (S/P + B/P) - 1/2(S/U + B/U)$, $UMD = 1/2\ (S/U + B/U) - 1/2(S/D + B/D)$

续表

Panel A

因子模型	因子	度量方式	分组方式	投资组合构成	公式
q-factor model	R_{ROE}, $R_{I/A}$	盈利能力是用净收益与股东权益的比率来衡量的。投资是以总资产的年度变化来衡量。市值是在 t 年的 4 月末的市值来衡量。具体细节可以参见侯等（2015）的研究	我们将所有 A 股股票分为三个 ROE 组，基于底部30%（低）、中间 40%（中等）和顶部 30%（高）的分位数来排名。我们还将所有 A 股股票分为三个 I/A 组，基于底部30%（低）、中间 40%（中等）和顶部 30%（高）的分位数来排名。我们基于 A 股股票总市值的中位数将市值股票分为小型和大型（S 和 B）两组	我们交叉两个市值组（ME）、三个 ROE 组和三个投资/资产组（I/A），构建了 18 个投资组合。所有投资组合均按市值加权。I/A 和 ME 投资组合每年在 4 月底重新平衡。ROE 投资组合每月底重新平衡	$R_{ROE} = 1/6$ (S/H/L + S/H/M + S/H/H + B/H/L + B/H/M + B/H/H) − 1/6 (S/L/L + S/L/M + S/L/H + B/L/L + B/L/M + B/L/H), $R_{I/A} = 1/6$ (S/L/L + S/L/M + S/L/H + B/L/L + B/L/M + B/L/H) − 1/6(S/H/L + S/H/M + S/H/H + B/H/L + B/H/M + B/H/H)
Stambaugh-Yuan−4	MGMT, PERF	公司管理是用净增股票发行、综合股权发行、应计项目、净营运资产、资产增长率和 ROA 来衡量的。公司投资效是综合的 O-score、一年动量、毛利率和 ROA 来衡量。具体细节可以参见斯坦博和元（2017）的研究	我们将所有 A 股股票分为三个 MGMT 组，基于底部 20%（L_{MGMT}），中间 60%（M_{MGMT}）和顶部 20%（H_{MGMT}）的分位数来排名。我们还将所有 A 股股票分为三个 PERF 组，基于底部 20%（L_{PERF}），中间 60%（M_{PERF}）和顶部 20%（H_{PERF}）的分位数来排名。我们基于 A 股股票总市值的中位数，将股票分为小型和大型（S 和 B）两组	我们交叉两个市值组（ME）、三个管理组（MGMT）和三个绩效组（PERF），构建了 12 个投资组合。所有投资组合均按市值加权，并每月重新平衡	$MGMT = 1/2$ (S/L_{MGMT} + B/L_{MGMT}) − 1/2(S/H_{MGMT} + B/H_{MGM}), $PERF = 1/2$ (S/L_{PERF} + B/L_{PERF}) − 1/2(S/H_{PERF} + B/H_{PERF})

续表

Panel A

因子模型	因子	度量方式	分组方式	投资组合构成	公式
Daniel-Hirshleifer-Sun-3	FIN, PEAD	融资因子（FIN）是用五年累计股份发行量（CEI）来构建的。盈余公告后漂移因子是用超预期盈余和最近季度盈余公告日期前后四天的累积异常回报（CAR）来构建的。具体细节可以在丹尼尔等（2020）的研究中找到	我们将所有 A 股股票分为三个 FIN 组，基于底部 20%（L_{CEI}）、中间 60%（M_{CEI}）和顶部 20%（H_{CEI}）的 CEI 排名。我们还将所有 A 股股票分为三个 PEAD 组，基于底部 20%（L_{CAR}）、中间 60%（M_{CAR}）和顶部 20%（H_{CAR}）的排名。我们基于 A 股股票总市值的中位数将股票分为小型和大型（S 和 B）两组	我们交叉两个市值组（ME）、三个融资组（FIN）、和三个盈余公告后漂移组（PEAD），构建了 12 个投资组合。所有投资组合均按市值加权。FIN 投资组合每年在 4 月底重新平衡。PEAD 投资组合每月重新平衡	$FIN = 1/2 (S/L_{CEI} + B/L_{CEI}) - 1/2 (S/H_{CEI} + B/H_{CEI})$，$PEAD = 1/2 (S/L_{CAR} + B/L_{CAR}) - 1/2 (S/L_{CAR} + B/L_{CAR})$
Beta Plus-4	OVER, UNDER	过度反应得分（OVER score）是账面市值比、短期反转、IVOL、MAX 和异常交易量的平均得分。反应不足得分（UNDER score）是标准化意外盈余（SUE）、ROA、应计项目、动量和流动性冲击的平均得分。更多构建细节可以在 https://www.factorwar.com 上找到	我们将所有 A 股股票分为三个 OVER 组，基于底部 30%（L_{OVER}）、中间 40%（M_{OVER}）和顶部 30%（H_{OVER}）的分位数还。我们还将所有 A 股股票分为三个 UNDER 组，基于底部 30%（L_{UNDER}）、中间 40%（M_{UNDER}）和顶部 30%（H_{UNDER}）的分位数排名。我们基于 A 股股票总市值的中位数排名将股票分为小型和大型（S 和 B）两组	我们交叉两个市值组（ME）、三个反应过度组（OVER）和三个反应不足组（UNDER），构建了 12 个投资组合。所有投资组合均按市值加权，并每月重新平衡	$OVER = 1/2(S/H_{OVER} + B/H_{OVER}) - 1/2 (S/L_{OVER} + B/L_{OVER})$，$UNDER = 1/2 (S/H_{UNDER} + B/H_{UNDER}) - 1/2(S/L_{UNDER} + B/L_{UNDER})$

因子模型、机构投资者与资本市场定价效率

续表

Panel B

Predictor	描述
DY	万得全 A 指数中支付的股息与滞后价格之比
EP	万得全 A 指数中一年移动加总收益与价格之比
BM	万得全 A 指数中账面价值与市场价值之比
INFL	使用城市消费者价格指数（所有城市消费者）测量的通货膨胀；为了调整艾亚尔和韦尔奇（Goyal and Welch, 2008）所述的发布延迟，通货膨胀相对于因子回报滞后两个月
LFR1	选取因子过去一个月的表现
LFR3	考虑因子过去去三个月的表现，不包括最后一个月
LFR6	考虑因子过去去六个月的表现，不包括最后一个月
LFR12	考虑因子过去去十二个月的表现，不包括最后一个月
NTIS	中国 A 股市场年终发行总和与总值之比的一年移动加总
DP	万得全 A 指数中支付的股息与价格之比
DE	万得全 A 指数中支付的股息与收益之比
SVAR	万得全 A 指数中日收益率的方差
INVS	中国股市的投资者综合情绪指数，来自易志高和茅宁（Yi and Mao, 2009）
TMS	中国 10 年期国债收益率与三个月期国库利率之差

续表

Panel B	
Predictor	描述
DFY	中国 BBB + 和 AAA 级公司债券的 10 年期利差
VRP	基于期权隐含波动率和实现波动率之差的中国风险溢价
MOM1	市场回报过去一个月的表现
MOM3	市场回报过去三个月的表现
MOM6	市场回报过去六个月的表现
MOM12	市场回报过去十二个月的表现

注：本表对本研究中使用的核心变量进行描述。表 A 详细呈现了所选取因子的构建方式。表 B 展示了从文献中选取的 20 个经济预测因子：股息收益率（DY）、收益价格比（EP）、账面市值比（BM）、通货膨胀（INFL）、过去一个月的因子回报率（LFR1）、过去三个月的因子回报率（LFR3）、过去六个月的因子回报率（LFR6）、过去十二个月的因子回报率（LFR12）、净股权扩张（NTIS）、股息价格比（DP）、股息支付率（DE）、股票波动率（SVAR）、投资者情绪（INVS）、期限利差（TMS）、违约利差（DFY）、中国的方差风险溢价（VRP）、过去一个月的市场回报（MOM1）、过去三个月的市场回报（MOM3）、过去六个月的市场回报（MOM6）和过去十二个月的市场回报（MOM12）。

表3-2呈现了本研究中使用的主要变量的汇总统计。表3-2的Panel A显示，从文献中选取的因子在风险溢价方面表现不同。最后一列列出了因子回报的t统计量。在选取的因子中，仅有刘等（2019）的规模因子（SMB）和价值因子（VMG）、斯坦博和袁（2017）提出的绩效因子（PERF）、侯等（2015）构建的ROE因子（RROE）以及低反应因子（UNDER）和高反应因子（OVER）在5%的水平上显著不等于零。最显著的因子是VMG，t统计量为5.63，表明中国存在价值溢价。较大的t值表明投资者可以通过投资这些因子获得正的超额回报，即这些因子在中国市场是有效的。

表3-2　　　　　　　　　　　　描述性统计

Panel A

变量	均值	标准差	25%分位数	50%中位数	75%分位数	t值
SMB（%）	0.66	4.37	-1.46	0.52	2.58	2.34
VMG（%）	1.10	3.68	-1.00	1.15	3.51	5.63
MKTRF（%）	0.63	7.57	-4.23	0.81	4.40	1.09
PERF（%）	0.57	4.53	-1.96	0.79	3.30	2.14
MGMT（%）	-0.01	3.19	-1.99	0.26	1.62	-0.06
PMU（%）	0.12	1.73	-0.88	0.12	1.07	1.21
UMD_{NM}（%）	-0.22	2.75	-1.82	-0.05	1.30	-1.13
R_{ROE}（%）	0.72	3.56	-1.31	0.72	2.70	3.52
$R_{I/A}$（%）	0.04	2.03	-1.07	-0.12	1.23	0.32
CMA（%）	-0.18	2.30	-1.60	-0.22	1.20	-1.29
RMW（%）	0.24	3.39	-1.52	0.03	1.97	1.20
PEAD（%）	0.25	2.07	-0.62	0.29	1.48	1.65
FIN（%）	0.31	2.69	-1.18	0.26	1.82	1.88
$UMD_{Carhart}$（%）	0.05	4.01	-2.25	0.03	2.51	0.24
UNDER（%）	0.83	3.17	-0.69	0.77	2.64	4.41
OVER（%）	1.08	3.78	-0.99	1.16	3.19	5.23

续表

Panel B

变量	均值	标准差	25%分位数	50%中位数	75%分位数
EPU	2.30	2.26	0.87	1.37	2.82
DY	1.48	0.60	0.99	1.48	1.92
EP	0.05	0.02	0.03	0.05	0.06
BM	0.43	0.14	0.32	0.46	0.54
INFL	2.20	1.99	1.20	1.90	3.00
NTIS（%）	0.34	0.34	0.15	0.25	0.41
DP	1.38	0.54	1.04	1.41	1.79
DE	32.18	9.38	27.01	29.09	35.60
SVAR	2.85	3.48	0.98	1.64	3.20
INVS	37.34	9.11	31.33	37.39	43.09
TMS（%）	1.13	0.59	0.70	1.04	1.49
DFY（%）	8.29	2.65	6.13	9.40	10.21
VRP（%）	1.81	6.54	0.56	1.35	2.26
MOM1（%）	0.82	7.57	-4.09	0.93	4.57
MOM3（%）	0.84	5.11	-2.00	0.02	3.07
MOM6（%）	0.93	4.39	-1.83	0.35	2.21
MOM12（%）	1.15	4.09	-1.23	0.18	1.98

注：本表呈现了本研究中选取的因子收益和经济预测因子的描述统计。变量的描述显示在表3－2中。因子收益的汇总统计显示在 A 面板中。斯坦博和袁（2017）提出的管理因子（MGMT）和绩效因子（PERF）、丹尼尔等（2020）开发的融资因子（FIN）和忽视因子（PEAD）以及侯等（2015）构建的 ROE 因子（R_{ROE}）和投资因子（$R_{I/A}$），其样本时间分别从 2002 年 4 月、2002年 5 月和 2003 年 10 月开始。B 面板报告了预测因子的汇总统计。由于空间限制，本表未报告滞后因子收益的汇总统计。中国的 EPU 指数除以了 100。由于数据限制，投资者情绪（IVNS）、期限利差（TMS）、违约利差（DFY）和中国的方差风险溢价（VRP）分别从 2003 年 2 月、2002 年1 月、2009 年 1 月和 2002 年 2 月开始。其他变量的样本期为 2000 年 1 月至 2021 年 6 月。

表 3－2 的 Panel-B 呈现了主要预测变量，即 EPU 以及其他控制变量的描述性统计情况。我们将 EPU 指数除以 100，使其数量级与因子回报相对应。滞后因子回报与相应因子一致。在其他预测因子中，投资者情绪（INVS）、期限利差（TMS）、违约利差（DFY）和中国的方差风险溢价（VRP）分别从 2003 年 2 月、2002 年 1 月、2009 年 1 月和 2002 年 2 月

开始（由于数据限制）。其他变量的整体样本期为 2000 年 1 月至 2021 年 6 月。

二、样本内回归设定

首先，我们使用单变量预测模型探索了 EPU 指数对 16 个因子回报的预测能力。基准模型如下：

$$r_{t,t+h} = \alpha + \beta EPU_t + \varepsilon_{t,t+h} \tag{3-1}$$

其中，累积因子回报 $r_{t,t+h}$ 按照乔等（Qiao et al.，2018）的方法计算为 $\frac{1}{h}[(1+r_{t+1})(1+r_{t+2})\cdots(1+r_{t+h})-1]$[①]，$EPU_t$ 是第 t 月的 EPU 指数。

为了比较 EPU 指数与文献中记录的其他经济预测因子的预测能力，我们构建了 20 个预测变量。我们采用双变量预测回归模型来评估 EPU 指数的预测能力，同时控制其他经济预测因子的影响，如下所示：

$$r_{t+1} = \alpha + \beta EPU_t + \psi Z_t^k + \varepsilon_{t+1} \tag{3-2}$$

其中，$Z_t^k, k=1,\cdots,20$ 表示前一节中引入的 20 个预测因子之一。我们关注系数 β 的大小和统计意义上的显著性。如果在方程（3-2）中 β 仍然显著，那么我们可以确认，在控制其他预测因子的影响时，EPU 指数具有预测能力。

三、样本外检验

样本外检验在预测回归中至关重要。戈亚尔和韦尔奇（Goyal and

---

① 当累积因子收益 $r_{t,t+h}$ 计算方式为 $r_{t,t+h} = [(1+r_{t+1})(1+r_{t+2})\cdots(1+r_{t+h})]^{\frac{1}{h}}-1$ 时，实证结果相似。

Welch，2008）指出，大多数样本内显著的预测模型在样本外表现不佳，样本外检验可以帮助评估真实的预测能力。

根据戈亚尔和韦尔奇（2008）以及坎贝尔和汤普森（Campbell and Thompson，2008）的方法，我们设计了样本外回归来检验预测能力的稳健性。我们首先将样本分为两部分：一部分（样本内部分）作为训练预测模型的初始数据，另一部分（样本外部分）用于预测。然后我们根据它们的均方预测误差（MSFE）比较训练模型的预测结果与历史均值基准的准确性。两个指标$\widehat{r_{t+1}}$和$\overline{r_{t+1}}$的计算方式如下：

$$\widehat{r_{t+1}} = \widehat{\alpha_t} + \widehat{\beta_t} EPU_t \qquad (3-3)$$

$$\overline{r_{t+1}} = \frac{1}{t} \sum_{i=1}^{t} r_i \qquad (3-4)$$

其中，$\widehat{\alpha_t}$和$\widehat{\beta_t}$是根据第一部分的 EPU 指数数据，基于方程（3-1）递归估计的 OLS 参数，EPU_t 是第二部分用于预测的数据。我们使用历史均值回报$\overline{r_{t+1}}$作为评估预测准确性的基准。

我们采用样本外 R^2 来比较样本内预测与历史均值基准的准确性。样本外 R^2 如下：

$$R^2_{OOS} = 1 - \frac{\sum_{t=t_0}^{T} (r_{t+1} - \widehat{r_{t+1}})^2}{\sum_{t=t_0}^{T} (r_{t+1} - \overline{r_{t+1}})^2} \qquad (3-5)$$

其中，T 表示整个样本期的长度，t_0 表示预测起始的时间。如果我们的样本内预测优于历史均值基准，那么我们可以得到一个正的 R^2_{OOS}，否则我们将得到一个负值。

为了检验我们的样本内预测在样本外表现是否良好，我们提出了零假设，即 H_0：$R^2_{OOS} = 0$，以及对立假设 H_1：$R^2_{OOS} > 0$，我们采用克拉克和韦斯特（Clark and West，2007）以及妮莉等（Neely et al.，2010）定义的 MSFE 调整统计量，定义如下：

$$f_{t+1} = (r_{t+1} - \overline{r_{t+1}})^2 - [(r_{t+1} - \overline{r_{t+1}})^2 - (\overline{r_{t+1}} - \widehat{r_{t+1}})^2] \qquad (3-6)$$

然后我们以一个常数回归 f_{t+1}，对应的 t 统计量是 MSFE 调整后的统计量。

第四节 因子择时的实证结果

一、规模溢价的预测回归

我们采用单变量回归作为基准模型，依据江等（Jiang et al., 2019）的方法，探究 EPU 指数对 16 个选取因子在不同时间范围内的预测能力。

$$r_{t,t+h} = \alpha + \beta EPU_t + \varepsilon_{t,t+h} \qquad (3-7)$$

其中，$r_{t,t+h}$ 是从月份 t 到月份 t+h 的累积因子收益，而 EPU_t 是来自贝克等（Baker et al., 2016）的中国 EPU 指数。我们的零假设是 $H_0 : \beta = 0$；对立假设是 $H_1 : \beta \neq 0$。

表 3-3 呈现了基准模型的预测结果。我们发现，EPU 指数可能对累积规模因子收益具有强烈的负向预测能力，不同时间范围内 β 系数的 t 统计量均超过 3。EPU 指数还在 10% 显著性水平上正向预测诺维—马克思（Novy-Marx, 2013）的动量因子（UMD_{NM}）和丹尼尔等（2020）开发的盈余公告后漂移因子（PEAD）。EPU 指数对反应过度因子（OVER）的负向预测能力在 1% 水平上也显著。然而，实证结果显示 EPU 指数对其他 12 个因子收益的预测能力较弱。

正如表 3-3 中 Panel A 所示，EPU 指数在样本内对规模因子（SMB）具有精准且持续的预测能力。在不同时间范围内，t 统计量和 R^2 值都非常大。估计的 β 系数表明，EPU 指数增加一个标准差将导致下个月的

表 3 - 3　不同时间范围内的样本内预测

Panel A

Horizon	SMB			VMG			MKTRF			$UMD_{Carhart}$		
	β（%）	t-stat	R^2（%）	β（%）	t-stat	R^2（%）	β（%）	t-stat	R^2（%）	β（%）	t-stat	R^2（%）
1	-0.29	-3.24	2.24	-0.08	-1.07	0.24	0.04	0.20	0.01	0.11	1.29	0.42
3	-0.25	-3.22	4.12	-0.10	-1.41	1.17	0.07	0.42	0.10	0.09	1.25	0.99
6	-0.26	-4.08	9.42	-0.11	-1.88	4.24	0.02	0.13	0.01	0.10	1.69	2.63
9	-0.25	-4.85	14.37	-0.11	-2.12	5.21	-0.01	-0.06	0.00	0.12	2.47	5.40
12	-0.25	-5.45	16.05	-0.11	-2.22	5.64	-0.04	-0.23	0.04	0.12	3.10	6.95
24	-0.25	-5.67	16.50	-0.12	-2.42	5.80	-0.08	-0.49	0.23	0.11	3.19	8.68
36	-0.29	-4.38	14.29	-0.16	-2.64	5.63	-0.08	-0.57	0.32	0.08	2.72	9.72

Panel B

Horizon	PERF			MGMT			PMU			UMD_{NM}		
	β（%）	t-stat	R^2（%）	β（%）	t-stat	R^2（%）	β（%）	t-stat	R^2（%）	β（%）	t-stat	R^2（%）
1	0.16	1.45	0.71	-0.05	-0.56	0.12	0.07	1.84	0.78	0.14	2.31	1.43
3	0.14	1.41	1.82	-0.07	-0.97	0.72	0.04	1.32	1.12	0.11	2.13	2.78
6	0.16	1.89	4.89	-0.08	-1.44	2.84	0.04	1.42	2.21	0.09	2.35	3.33
9	0.20	2.53	9.89	-0.09	-1.85	5.17	0.04	1.58	3.40	0.09	2.85	4.56
12	0.21	2.92	13.48	-0.08	-1.93	5.76	0.04	1.71	4.81	0.10	3.12	5.65
24	0.26	5.42	27.59	-0.06	-1.60	6.21	0.05	2.21	8.90	0.08	4.03	9.59
36	0.26	5.95	23.48	-0.00	-0.08	0.02	0.08	2.90	17.55	0.08	3.12	9.82

>> 因子模型、机构投资者与资本市场定价效率

续表

Panel C

Horizon	R_ROE			R_{I/A}			CMA			RMW		
	β（%）	t-stat	R²（%）	β（%）	t-stat	R²（%）	β（%）	t-stat	R²（%）	β（%）	t-stat	R²（%）
1	0.04	0.56	0.07	-0.04	-0.73	0.20	-0.10	-1.69	1.09	0.05	0.75	0.10
3	0.03	0.46	0.16	-0.04	-1.01	0.92	-0.09	-1.67	2.20	0.02	0.27	0.03
6	0.05	0.88	1.03	-0.05	-1.35	2.40	-0.08	-1.98	4.70	-0.00	-0.05	0.00
9	0.06	1.31	2.51	-0.05	-1.59	4.45	-0.08	-2.08	7.32	-0.00	-0.05	0.00
12	0.07	1.72	4.36	-0.04	-1.52	4.88	-0.06	-1.80	6.75	-0.01	-0.27	0.08
24	0.08	2.81	8.31	-0.04	-2.17	7.64	-0.01	-0.30	0.27	-0.06	-1.55	3.18
36	0.05	1.49	2.65	-0.04	-2.76	9.18	-0.00	-0.07	0.01	-0.04	-1.41	2.46

Panel D

Horizon	PEAD			FIN			UNDER			OVER		
	β（%）	t-stat	R²（%）	β（%）	t-stat	R²（%）	β（%）	t-stat	R²（%）	β（%）	t-stat	R²（%）
1	0.08	1.69	0.88	0.08	1.47	0.50	0.07	0.94	0.22	-0.23	-2.48	1.90
3	0.08	1.67	2.25	0.05	1.05	0.63	0.02	0.34	0.07	-0.24	-3.40	6.87
6	0.09	1.98	4.78	0.04	1.11	0.89	0.02	0.41	0.15	-0.25	-4.15	17.31
9	0.10	2.41	8.13	0.04	1.35	1.38	0.03	0.74	0.56	-0.26	-4.80	23.63
12	0.10	3.14	11.39	0.05	1.65	2.69	0.04	0.97	1.00	-0.26	-5.30	28.00
24	0.10	4.39	16.63	0.08	1.67	6.07	0.07	2.11	3.19	-0.30	-6.38	36.40
36	0.13	3.99	18.10	0.12	1.85	9.38	0.06	1.34	1.80	-0.33	-5.36	31.20

注：本表呈现了预测回归模型 $r_{t,t+h} = \alpha + \beta EPU_t + \varepsilon_{t,t+h}$ 的 OLS 结果，其中 $r_{t,t+h}$ 是从 t 月份到 t+h 的累积因子收益（以百分比表示），EPU_t 是月份 t 的中国 EPU 指数除以 100 进行调整，是由贝克等（2016）构建的指标。表格报告了回归系数，调整了异方差和自相关的 Newey-West t 统计量以及 R² 值。由斯坦博和元（2017）构建的管理理因子（MGMT）和绩效因子（PERF），由丹尼尔等（2020）开发的融资因子（FIN）和非注意因子（PEAD），由侯等（2015）构建的 ROE 因子（R_{ROE}）和投资因子（$R_{I/A}$），分别始于 2002 年 4 月、2002 年 5 月和 2003 年 10 月。其他因子的整个样本期为 2000 年 1 月至 2021 年 6 月。

规模溢价下降0.29%，这意味着当EPU显著时，小型股表现不如大型股。所有的t统计量在1%水平上显著。随着预测时间范围的扩大，估计的β系数保持在 -0.26%左右稳定，而R^2值在24个月的时间范围内急剧上升至16.50%。实证结果可能为高EPU预测低规模溢价在中国的稳定性提供了坚实的证据。我们将在下一节对这种预测能力的稳健性进行进一步调查。

表3-3中Panel A显示，EPU指数对价值因子（VMG）和卡哈特（Carhart，1997）的一年动量因子（$UMD_{Carhart}$）的预测能力较弱。在一个月和三个月的时间范围内，表3-3A面板中第二列和第四列的β系数不显著，R^2值较低。随着预测时间范围的扩大，t统计量和R^2值增加，市场因子的结果最差。在所有考虑的时间范围内，t统计量和R^2值都保持低位，这表明EPU与市场因子收益之间的相关性较弱。

在表3-3的Panel B中，仅诺维-马克思（2013）的动量因子（UMD_{NM}）的预测结果在5%的水平上始终显著。EPU指数无法预测B面板中显示的其他三个因子，因为β系数基本不显著。UMD_{NM}的单变量回归结果表明，当EPU很大时，该因子的回报高。随着时间范围的扩大，β系数减少，表明预测能力的减弱。

表3-3的Panel C呈现了侯等（2015）、法玛和弗朗西斯（2015）构建的因子的预测结果。面板中显示的结果表明预测能力较差，t统计量不显著。从1个月到12个月的时间范围内，EPU指数在10%的显著性水平上对法玛和弗朗西斯（2015）的投资因子（CMA）显示出预测能力。然而，其预测能力过弱，当时间范围扩大到24个月时则会消失。

表3-3的Panel D表明，EPU指数可能对盈余公告后漂移因子（PEAD）和反应过度因子（OVER）具有预测能力。然而，结果不显著表明对融资因子（FIN）和反应不足因子（UNDER）几乎没有影响。第一列显示，β系数在10%的水平上具有一定显著性。随着时间范围的扩大，

t 统计量和 R^2 值大幅增加，但对 PEAD 的预测能力似乎弱于 SMB、UMD$_{NM}$ 和 UNDER。最后一列表明，EPU 指数可能对过度反应因子回报具有强烈的负向预测能力。根据估计结果，EPU 指数每增加一个标准差会导致下个月 OVER 因子回报减少 0.23%。在所有选取的时间范围内，β 系数的大小、t 统计量和 R^2 值表明预测能力较为稳定且持续。

从不同时间范围内的样本内预测结果来看，我们发现 EPU 指数可能对规模因子（SMB）、动量因子（UMD$_{NM}$）、盈余公告后漂移因子（PEAD）和过度反应因子（OVER）具有较为稳定的预测能力。该指数对 SMB 和 OVER 的预测能力似乎最强。这些发现表明经济不确定性与因子择时之间存在联系。

二、与其他预测因子的预测能力比较

在本小节中，我们进一步探究了 EPU 指数对因子收益的预测能力，同时控制了 20 个经济和市场预测因子的影响。双变量回归结果与单变量结果大致一致。实证结果显示，EPU 指数是对规模溢价最显著且稳定的预测变量。在单变量回归中提出的对 OVER 因子的强预测能力，在加入控制变量后有所减弱（见表 3 – 4）。

表 3 – 4 的 Panel A 显示，即使在控制其他经济预测因子时，EPU 指数仍能显著预测 SMB。估计的 β 系数在 – 0.30% 左右波动，与表 3 – 3 中显示的一个月范围单变量模型计算结果 – 0.29% 相似。在 20 个双变量回归中，18 个估计的 β 系数在 1% 水平上显著。在 18 个显著结果中，13 个 t 统计量超过 3。所有 R^2 值均较大，数值超过 2%。EPU 指数可能包含了在中国对规模因子收益的额外预测信息，其强度超过了其他现有的预测因子。在 A 面板的其他三列中，回归结果不显著，与单变量结果高度一致。

表3-4　与其他预测因子的比较

Panel A

因子	SMB			VMG			MKTRF			UMD_Carhart		
	β（%）	t-stat	R²（%）	β（%）	t-stat	R²（%）	β（%）	t-stat	R²（%）	β（%）	t-stat	R²（%）
DY	-0.32	-3.28	2.86	-0.06	-0.82	0.48	-0.11	-0.58	3.80	0.10	1.10	0.60
EP	-0.33	-3.64	2.57	-0.04	-0.58	0.62	-0.02	-0.12	0.24	0.10	1.10	0.45
BM	-0.29	-2.85	2.24	-0.06	-0.72	0.27	-0.18	-0.97	1.31	0.02	0.18	1.30
INFL	-0.29	-3.13	2.30	-0.08	-1.08	0.27	0.08	0.44	3.79	0.11	1.27	0.52
NTIS（%）	-0.33	-3.64	3.22	-0.06	-0.76	0.80	0.02	0.10	0.08	0.15	1.68	1.43
DP	-0.32	-3.54	2.53	-0.06	-0.76	0.40	-0.07	-0.45	1.04	0.09	0.91	0.66
DE	-0.31	-3.42	2.67	-0.07	-0.90	0.49	0.05	0.28	0.11	0.13	1.50	1.02
SVAR	-0.26	-2.97	5.94	-0.08	-1.13	0.30	0.01	0.08	0.60	0.09	1.01	3.67
INVS	-0.35	-2.68	2.37	-0.03	-0.33	0.77	0.28	1.12	1.05	0.20	1.55	0.90
TMS（%）	-0.26	-2.71	2.16	-0.07	-0.83	0.83	0.02	0.08	0.00	0.10	1.02	0.30
DFY（%）	-0.41	-2.70	5.51	-0.00	-0.00	0.02	0.10	0.29	0.19	0.15	1.10	1.18
VRP（%）	-0.36	-2.23	5.27	-0.10	-0.70	1.18	0.33	0.95	1.69	0.20	1.42	2.78
LFR1（%）	-0.26	-3.04	3.65	-0.08	-1.07	0.37	0.05	0.34	1.87	0.12	1.27	1.42
LFR3（%）	-0.35	-3.49	4.01	-0.10	-1.15	2.33	0.09	0.62	3.17	0.10	1.12	0.32
LFR6（%）	-0.40	-3.66	5.57	-0.09	-1.15	0.47	0.09	0.60	2.68	0.08	0.91	0.36
LFR12（%）	-0.28	-2.84	2.26	-0.07	-0.99	0.29	0.07	0.44	0.50	0.08	0.86	0.64
MOM1（%）	-0.28	-3.27	3.33	-0.08	-1.14	0.67	0.05	0.35	1.86	0.11	1.26	0.77
MOM3（%）	-0.28	-3.30	2.29	-0.07	-0.99	0.39	0.09	0.64	3.16	0.10	1.18	0.75
MOM6（%）	-0.29	-3.43	2.32	-0.07	-0.94	0.51	0.10	0.62	2.67	0.11	1.27	0.43
MOM12（%）	-0.27	-3.15	2.66	-0.07	-0.95	0.34	0.07	0.45	0.49	0.10	1.10	0.71

续表

Panel B

因子	PERF			MGMT			PMU			UMD_NW		
	β（%）	t-stat	R²（%）	β（%）	t-stat	R²（%）	β（%）	t-stat	R²（%）	β（%）	t-stat	R²（%）
DY	0.16	1.42	0.71	-0.03	-0.38	0.77	0.07	2.04	1.07	0.09	1.65	4.98
EP	0.17	1.46	0.75	-0.03	-0.29	0.40	0.06	1.78	0.85	0.06	1.12	4.75
BM	0.12	0.97	0.85	-0.02	-0.23	0.25	0.05	1.33	0.98	0.01	0.09	5.37
INFL	0.16	1.47	0.75	-0.05	-0.55	0.16	0.06	1.78	1.53	0.12	2.33	5.45
NTIS（%）	0.20	1.72	1.97	-0.05	-0.64	0.23	0.07	2.11	1.05	0.14	2.44	1.46
DP	0.16	1.41	0.71	-0.03	-0.37	0.32	0.06	1.74	0.89	0.08	1.38	3.98
DE	0.18	1.54	0.86	-0.04	-0.41	0.33	0.07	1.92	0.83	0.12	2.01	2.62
SVAR	0.14	1.28	1.55	-0.05	-0.62	0.23	0.06	1.75	1.46	0.13	2.08	2.69
INVS	0.22	1.40	0.85	-0.05	-0.43	0.10	0.08	1.67	0.84	0.07	1.04	0.30
TMS（%）	0.18	1.47	0.84	-0.06	-0.68	0.26	0.07	1.94	1.08	0.11	1.72	0.84
DFY（%）	0.22	1.21	1.39	-0.00	-0.02	0.07	0.10	2.12	2.49	0.06	0.83	1.09
VRP（%）	0.25	1.55	3.54	-0.04	-0.29	1.04	0.08	1.33	4.07	0.09	1.09	2.30
LFR1（%）	0.17	1.48	1.38	-0.05	-0.54	0.16	0.07	1.93	0.78	0.14	2.42	1.43
LFR3（%）	0.16	1.34	0.65	-0.05	-0.50	1.24	0.06	1.62	1.00	0.09	1.69	7.02
LFR6（%）	0.16	1.38	0.67	-0.05	-0.53	0.39	0.07	1.83	1.24	0.06	1.23	6.14
LFR12（%）	0.14	1.25	0.87	-0.04	-0.46	0.22	0.06	1.47	0.62	0.05	0.95	3.83
MOM1（%）	0.16	1.45	0.71	-0.05	-0.59	0.29	0.06	1.79	3.63	0.14	2.28	1.55
MOM3（%）	0.14	1.24	2.12	-0.04	-0.50	0.25	0.06	1.65	2.24	0.14	2.28	1.43
MOM6（%）	0.15	1.36	0.89	-0.06	-0.67	0.36	0.06	1.78	1.03	0.15	2.33	1.64
MOM12（%）	0.16	1.38	0.76	-0.06	-0.71	0.45	0.06	1.78	0.99	0.15	2.30	1.61

续表

Panel C

因子	R_{ROE}			R_{VA}			CMA			RMW		
	β（%）	t-stat	R^2（%）	β（%）	t-stat	R^2（%）	β（%）	t-stat	R^2（%）	β（%）	t-stat	R^2（%）
DY	0.05	0.63	0.33	-0.04	-0.71	0.23	-0.09	-1.48	1.35	0.07	0.97	0.40
EP	0.06	1.04	0.53	-0.03	-0.61	0.34	-0.09	-1.55	1.27	0.06	0.96	0.15
BM	0.05	0.72	0.10	-0.02	-0.35	0.42	-0.06	-0.96	1.74	0.03	0.42	0.14
INFL	0.04	0.61	0.20	-0.04	-0.82	0.52	-0.10	-1.67	2.13	0.04	0.61	0.92
NTIS（%）	0.07	1.07	3.16	-0.04	-0.78	0.30	-0.11	-1.72	1.11	0.07	1.13	0.67
DP	0.06	0.88	0.43	-0.03	-0.70	0.24	-0.08	-1.50	1.44	0.05	0.79	0.10
DE	0.04	0.61	0.10	-0.04	-0.66	0.32	-0.11	-1.70	1.16	0.06	0.92	0.35
SVAR	0.02	0.33	0.91	-0.04	-0.73	0.21	-0.10	-1.64	1.36	0.04	0.66	0.37
INVS	0.08	0.94	0.21	-0.07	-1.04	0.44	-0.13	-1.69	1.18	0.13	1.40	0.91
TMS（%）	0.06	0.91	0.35	-0.05	-0.87	0.27	-0.10	-1.63	1.30	0.06	0.94	0.80
DFY（%）	0.14	1.48	1.09	-0.03	-0.49	0.42	-0.14	-1.72	2.50	0.20	1.57	1.82
VRP（%）	0.13	1.46	4.96	-0.07	-0.85	8.30	-0.17	-1.66	8.41	0.14	1.01	7.71
LFR1（%）	0.05	0.69	0.89	-0.04	-0.75	2.13	-0.10	-1.62	1.09	0.05	0.75	0.21
LFR3（%）	0.06	0.84	1.94	-0.04	-0.74	0.21	-0.09	-1.43	0.91	0.04	0.67	1.22
LFR6（%）	0.06	0.83	0.75	-0.05	-0.90	1.02	-0.10	-1.54	2.00	0.05	0.73	2.21
LFR12（%）	0.07	1.02	0.32	-0.07	-1.29	1.11	-0.10	-1.66	1.40	0.02	0.31	0.04
MOM1（%）	0.03	0.49	0.65	-0.04	-0.80	0.62	-0.10	-1.69	1.19	0.04	0.68	1.35
MOM3（%）	0.03	0.44	0.38	-0.03	-0.66	0.43	-0.10	-1.68	1.18	0.03	0.54	1.04
MOM6（%）	0.05	0.69	0.17	-0.04	-0.89	0.44	-0.11	-1.92	1.58	0.05	0.79	0.10
MOM12（%）	0.04	0.61	0.07	-0.04	-0.80	0.21	-0.11	-1.88	1.19	0.04	0.71	0.15

续表

Panel D

因子	PEAD			FIN			UNDER			OVER		
	β（%）	t-stat	R²（%）	β（%）	t-stat	R²（%）	β（%）	t-stat	R²（%）	β（%）	t-stat	R²（%）
DY	0.07	1.54	1.33	0.10	1.78	1.60	0.05	0.74	0.33	-0.21	-2.24	2.11
EP	0.08	1.67	0.88	0.11	1.99	1.36	0.07	0.90	0.22	-0.19	-1.88	2.38
BM	0.06	1.10	1.19	0.14	2.20	1.40	0.04	0.45	0.35	-0.12	-1.14	3.22
INFL	0.08	1.73	1.12	0.08	1.39	1.37	0.06	0.88	0.96	-0.23	-2.46	2.34
NTIS（%）	0.09	1.89	1.68	0.09	1.50	0.53	0.08	1.10	0.40	-0.23	-2.44	1.90
DP	0.08	1.74	0.88	0.12	1.92	1.76	0.06	0.85	0.23	-0.18	-1.86	2.77
DE	0.09	1.69	1.00	0.08	1.39	0.52	0.07	1.03	0.34	-0.24	-2.52	2.02
SVAR	0.07	1.42	3.66	0.09	1.59	0.66	0.05	0.77	1.25	-0.20	-2.25	4.87
INVS	0.02	0.32	1.61	0.06	0.70	0.63	0.08	0.82	0.22	-0.30	-1.85	2.30
TMS（%）	0.08	1.71	0.88	0.08	1.41	0.51	0.06	0.73	0.17	-0.22	-2.13	2.13
DFY（%）	0.09	1.60	1.01	0.07	0.64	1.46	0.17	1.43	0.99	-0.24	-1.37	1.84
VRP（%）	0.10	1.69	3.18	0.05	0.44	1.17	0.08	0.89	1.65	-0.38	-2.14	5.03
LFR1	0.08	1.72	1.12	0.08	1.48	0.52	0.07	0.97	0.32	-0.23	-2.50	1.90
LFR3	0.07	1.43	2.13	0.11	1.87	1.79	0.06	0.79	0.17	-0.25	-2.31	3.78
LFR6（%）	0.08	1.62	0.86	0.11	1.90	1.07	0.05	0.67	0.15	-0.23	-2.30	1.92
LFR12（%）	0.08	1.58	0.87	0.08	1.43	0.52	0.04	0.54	0.13	-0.21	-2.20	1.94
MOM1（%）	0.08	1.72	0.89	0.08	1.47	0.61	0.06	0.93	0.28	-0.23	-2.47	1.92
MOM3（%）	0.08	1.74	0.90	0.08	1.45	0.57	0.05	0.72	1.57	-0.21	-2.25	3.21
MOM6（%）	0.09	1.86	1.00	0.08	1.51	0.51	0.06	0.90	0.28	-0.21	-2.30	2.64
MOM12（%）	0.08	1.72	0.93	0.09	1.66	0.85	0.07	0.95	0.22	-0.20	-2.13	2.89

注：表 3-4 呈现了中国 EPU 指数 EPU_t 和滞后经济预测因子 Z_t^k 的月度因子收益的二元样本内回归结果。$r_{t+1} = \alpha + \beta EPU_t + \psi Z_t^k + \varepsilon_{t+1}$，其中，$r_{t+1}$ 表示月份 t+1 的因子收益，Z_t^k，k=1，…，20 表示在月份 t 引入的 20 个经济预测因子中的一个。估计的 β 系数、Newey-West t 统计量和 R² 均已报告。滞后因子收益的样本与相应因子的一致。IVNS，TMS，DFY 和 VRP 分别从 2003 年 2 月，2002 年 1 月，2009 年 2 月和 2002 年 2 月开始（由于数据限制）。其他变量的样本期为 2000 年 1 月至 2021 年 6 月。

表 3 – 4 的 Panel B 回归结果几乎不显著。由诺维—马克思（2013）构建的动量因子（UMD$_{NW}$）的单变量预测结果在 5% 水平上显著。然而，当我们加入其他经济预测因子时，预测能力消失，β 几乎不显著。这一结果暗示，UMD$_{NW}$ 的预测能力不稳定，且 EPU 指数缺乏对动量因子的预测信息。单变量预测结果中显示的预测能力可能是由其他经济要素相关信息驱动的。

表 3 – 4 的 Panel C 中所有估计的 β 系数均不显著。t 统计量几乎不超过 2，大多数 R^2 值小于 1%。鉴于单变量回归结果显示 EPU 指数无法预测因子收益，这些较差的结果并不奇怪。

我们还关注到了过度反应因子（OVER）的实证结果。在单变量回归中，EPU 指数在预测 OVER 方面表现良好。表 3 – 4 的最后一列显示，t 统计量和 R^2 比其他三列更显著，但不足以与 A 面板第一列相媲美。当我们加入其他经济预测因子时，结果并不一致显著。只有五个回归结果报告了在 1% 水平上统计显著的 β 系数，这表明 EPU 指数对 OVER 的预测能力不稳定。

总之，表 3 – 4 表明，即使在考虑其他经济预测因子时，EPU 指数在中国仍是规模溢价的重要预测因子。EPU 指数包含了对规模因子的额外预测信息，这是现有预测因子无法捕捉的。对于其他因子，EPU 指数显示出较差的预测能力。

三、样本外检验结果

我们采用戈亚尔和韦尔奇（2008）提出的样本外测试方法，来检验 EPU 指数对 16 个因子收益预测能力的稳健性。结果表明，EPU 指数对规模因子回报的预测能力在样本外仍然强劲，这意味着样本内回归结果可

靠而稳定（见表 3-5）。与样本内双变量结果相似，EPU 指数对其他 15

个因子的预测能力较弱。

表 3-5 样本外预测

因变量	25%		50%		75%	
	R_{OOS}^2（%）	MSFE$_{adj}$	R_{OOS}^2（%）	MSFE$_{adj}$	R_{OOS}^2（%）	MSFE$_{adj}$
VMG	-3.80	0.02	-2.02	-0.08	-2.16	-0.59
SMB	9.91	3.16	3.22	2.46	0.45	1.66
MKTRF	-30.66	0.50	-11.02	1.78	-2.60	1.99
OVER	-7.18	0.57	-1.46	1.51	-1.17	1.15
UNDER	-3.20	-0.52	-3.10	-1.06	-1.62	-0.77
UMD$_{Carhart}$	-5.46	-0.58	-3.67	-0.05	-1.38	0.45
RMW	-6.99	0.54	-1.72	0.91	-1.47	-0.03
CMA	-3.17	0.15	-1.38	0.40	-1.57	-0.16
UMD$_{NM}$	1.20	0.89	-2.49	0.35	-0.65	0.71
PMU	-2.43	1.14	-0.78	1.43	-0.87	1.10
FIN	-2.26	0.68	-2.18	0.42	-2.05	0.22
PEAD	7.18	1.76	-3.19	-0.13	-1.53	0.15
R$_{I/A}$	-5.09	-0.72	-3.82	-0.70	-5.35	-1.08
R$_{ROE}$	-4.23	-1.45	-2.96	-1.91	-4.25	-0.82
MGMT	-4.12	0.61	-2.06	0.41	-3.06	0.04
PERF	0.29	0.53	-2.40	-0.18	-1.05	0.51

注：表 3-5 报告了 EPU 对 16 个因子的样本外预测回归结果。EPU 由贝克等（2016）构建的中国 EPU 指数除以 100。第一行展示了样本外比例，即预测期在整个样本期的比例。R_{OOS}^2 是坎贝尔和汤普森（2008）提出的样本外 R^2，用于衡量预测模型相对于历史均值基准的 MSFE 的下降比例。MSFE$_{adj}$ 是克拉克和韦斯特（2007）提出的 MSFE 调整后的统计量，其零假设为 R_{OOS}^2 = 0，对立假设为 R_{OOS}^2 > 0。VMG、SMB、MKTRF、OVER、UNDER、UMD$_{Carhart}$、RMW、CMA、UMD$_{NM}$ 和 PMU 的初始样本期为 2000 年 1 月至 2016 年 1 月，样本外比例为 25%；2000 年 1 月至 2010 年 9 月，样本外比例为 50%；2000 年 1 月至 2005 年 4 月，样本外比例为 75%。FIN 和 PEAD 的初始样本期为 2002 年 5 月至 2016 年 8 月，样本外比例为 25%；2002 年 5 月至 2011 年 11 月，样本外比例为 50%；2002 年 5 月至 2007 年 1 月，样本外比例为 75%。R$_{I/A}$ 和 R$_{ROE}$ 的初始样本期为 2003 年 10 月至 2016 年 12 月，样本外比例为 25%；2003 年 10 月至 2012 年 7 月，样本外比例为 50%；2003 年 10 月至 2008 年 2 月，样本外比例为 75%。MGMT 和 PERF 的初始样本期为 2002 年 4 月至 2016 年 8 月，样本外比例为 25%；2002 年 4 月至 2011 年 10 月，样本外比例为 50%；2002 年 4 月至 2006 年 12 月，样本外比例为 75%。

表 3-5 报告了 EPU 指数对下个月因子收益的样本外预测结果。结果表明，EPU 指数在样本外对规模因子的预测表现非常好。然而，该指数对其他因子的预测能力较弱，样本外 R^2 值为负或 MSFE 调整后的统计量不显著。

根据表 3-5 第四行展示的 EPU 指数对规模因子回报的样本外结果，所有的样本外 R^2 值均为正。当初始期比例为 75% 时，预测将产生一个较大的样本外 R^2，达 10%。所有 MSFE 调整后的统计量在 5% 的水平上显著。当初始期比例为 50% 和 75% 时，显著性水平提高。结果表明，EPU 指数的 MSFE 显著小于历史均值基准。总之，贝克（2016）构建的 EPU 指数在中国对规模溢价具有较强的样本外预测能力，这与我们在样本内分析中的发现一致。

对于其他因子，大多数样本外 R^2 值为负。当样本外比例为 25% 时，仅 UMD_{NM}、PEAD 和 PERF 的预测结果产生了偏正的样本外 R^2 值。然而，没有任何因子提供足够大的 MSFE 调整后的统计量。这些结果基本与样本内结果一致。对 UMD_{NM} 和 PEAD 的预测在单变量中相对显著，但在控制其他预测因子时显著性消失。样本内对 OVER 的显著回归在样本外不再产生显著统计量，这表明样本内结果可能是可靠的。

四、资产配置的启示

以往的实证研究表明，EPU 是唯一在样本内外都表现良好的预测因子。在本小节中，我们从资产配置的角度评估了 EPU 对 SMB 预测能力的经济意义。

我们设计了两套主动交易策略，并将其与被动策略（Dai et al.，2020；Gulen et al.，2011）进行比较。在主动策略中，我们使用 EPU 来预测次月规模因子的回报。如果预测回报为正，则持有规模因子组合；否则就做空规模因子（策略二）或卖出持有（策略三）。在被动策略中，我们始终持有规模因子投资组合（见表3-6）。

表3-6　　　　　　　　　　资产配置表现

Panel A	均值	标准差	最大值	最小值	偏度	最大回撤	夏普比率
被动：							
策略一	0.66%	4.60%	17.97%	-17.06%	-4.94%	-46.16%	0.35
主动：							
策略二	0.75%	4.59%	17.97%	-17.06%	-10.13%	-25.80%	0.42
策略三	0.71%	4.30%	17.97%	-17.06%	-2.21%	-23.85%	0.41

Panel B				
预测特征	$\gamma = 3$		$\gamma = 5$	
	Without constraint	$0 \leqslant \omega \leqslant 1.5$	Without constraint	$0 \leqslant \omega \leqslant 1.5$
EPU	5.67%	1.79%	3.40%	2.41%

注：本表展示了资产配置的表现以检验研究发现的经济学意义。本研究考虑了两种主动交易策略，并将其表现与被动策略进行比较。A面板报告了月度回报的均值、标准偏差、最大值、最小值、偏度、最大回撤和夏普比率。B面板报告了采用EPU代替历史平均基准预测规模因子回报的投资者的年化CER增益。风险厌恶系数（γ）分别被设定为3和5。此外，还考虑了因子权重的两种条件：无限制和限制在0～1.5。初始样本期为2000年1月至2002年12月，评估样本范围为2003年1月至2021年6月。

表3-6的Panel A显示了在不考虑交易成本的情况下不同策略表现的统计数据，同时保留了最初3年（从2000年1月至2002年12月）作为首次预测的初始样本。我们还使用扩展窗口来估计参数。两种主动策略（策略二和策略三）产生了较高的平均回报且波动最小。因此，主动策略的夏普比率（0.42和0.41）高于被动策略（0.35）。我们的因子择时策略还降低了投资组合管理的风险，最大回撤约为静态策略的一半。

表3-6的Panel A中的任何统计数据都无法准确衡量因子择时的经济价值。夏普比率仅假设恒定波动率，这与现实相矛盾（Marquering and Verbeek，2004）。因此我们会继续探讨均值—方差投资者愿意为转换到因子择时策略付出的费用，以便进行进一步比较。根据坎贝尔和汤普森

（2008）的方法，我们计算了投资者愿意为转换支付的最大费用，这在文献中称为确定性等效回报（CER）增益。

在均值—方差模型框架下，投资者是相同的，并在风险资产和无风险票据之间进行配置。他们的目标是最大化第 t 个月的效用函数，如下所示：

$$\max\left\{ E(r_{t+1} \mid \Omega_t) - \frac{\gamma}{2} \mathrm{Var}(r_{t+1} \mid \Omega_t) \right\} \qquad (3-8)$$

其中，γ 是风险厌恶系数，$E(r_{t+1} \mid \Omega_t)$ 和 $\mathrm{Var}(r_{t+1} \mid \Omega_t)$ 分别是基于第 t 个月信息的第 t+1 个月的预期回报和方差。因子的最优权重由其对下个月收益和波动率的预测确定。

$$\omega_t^* = \frac{1}{\gamma} \frac{\widehat{r_{t+1}}}{\sigma_{t+1}^2} \qquad (3-9)$$

其中，$\widehat{r_{t+1}}$ 是对下个月回报的样本外预测，σ_{t+1}^2 是第 t+1 个月的方差。然后我们构建最优投资组合如下：

$$r_{t+1}^p = \omega_t^* r_{t+1} + (1 - \omega_t^*) rf_{t+1} \qquad (3-10)$$

其中，r_{t+1} 和 rf_{t+1} 分别是第 t+1 个月的规模因子回报和无风险利率。接下来我们计算 CER 如下：

$$CER_p = \widehat{\mu_p} - 0.5\gamma \widehat{\sigma_p^2} \qquad (3-11)$$

其中，$\widehat{\mu_p}$ 和 $\widehat{\sigma_p^2}$ 分别是预测评估期间最优投资组合的均值和方差。CER 增益是通过比较采用 EPU 进行预测的投资者与采用历史平均基准预测的投资者 CER 之间的差异得到的。我们通过将差异乘以 12 来年化 CER 增益，这可以从经济角度解释为投资者愿意支付的年度投资组合管理费，以使用预测模型代替历史平均值。

我们假设投资者使用我们样本期内的所有可用历史数据进行预测。估计的初始样本期为 2000 年 1 月至 2002 年 12 月，结果显示在表 3-6 的

Panel B 中。根据陈等（Chen et al.，2018）的方法，我们考虑了不同的风险厌恶系数（λ=3，5）和投资组合构成的限制（无限制时，ω_t^* 限制在 0~1.5）。所有四种情况下的 CER 增益均为正，范围在 1.79%~5.67%。这一结果表明，均值—方差投资者愿意支付正的管理费，以采用因子择时策略而非历史平均预测。

第五节 经济学解释

一、与美国市场的比较

接下来我们将会验证 EPU 对 SMB 的预测能力在美国市场是否依然成立。与上面讨论的实证设计类似，我们展示了美国市场的样本内和样本外预测结果（见表 3-7）。美国样本期为 1985 年 1 月至 2021 年 6 月，此前 EPU 数据（来自 10 家主流报纸的搜索结果指数）无法获取。我们从 French 网站上的数据库下载了 SMB 数据。从 A 面板可以看出，EPU 能在不同时间范围内正向预测 SMB。然而，在我们进行样本外测试时，其预测能力消失了，这与中国的情况大相径庭。因此，研究 EPU 对中国市场规模溢价预测能力背后的原因非常有价值。

表 3-7 与美国市场的比较

Panel A：样本内预测

预测期限	β（%）	t-stat	R^2（%）
1	0.73	2.70	1.86
3	0.67	3.06	4.70
6	0.63	3.79	9.08
9	0.56	3.82	11.17

续表

Panel A：样本内预测

预测期限	β（%）	t-stat	R^2（%）
12	0. 46	4. 15	10. 53
24	0. 42	4. 09	11. 63
36	0. 25	2. 48	5. 06

Panel B：样本外预测

原始样本期	样本外占比（%）	R^2_{OOS}（%）	$MSFE_{adj}$
1985. 01—2003. 03	50	− 0. 66	− 0. 93
1985. 01—1994. 01	75	− 0. 99	− 1. 21
1985. 01—2012. 04	25	− 0. 85	− 0. 63
2000. 01—2010. 09	50	− 1. 39	− 1. 18
2000. 01—2005. 04	75	− 1. 30	− 1. 37
2000. 01—2016. 01	25	− 1. 83	− 0. 97

注：本表呈现了 EPU 指数对美国市场 SMB 的样本内和样本外预测结果。A 面板报告了不同时间范围内的样本内回归结果。$r_{t,t+h} = \alpha + \beta EPU_t + \varepsilon_{t,t+h}$，其中根据法玛和弗朗西斯（1992）的方法，$r_{t,t+h}$ 是从月份 t 到月份 t + h 的累计规模因子回报（以百分比表示）。本表报告了回归系数，经过异方差和自相关调整的 Newey-West t 统计量以及 R^2（%）。B 面板报告了不同初始样本比例的样本外预测结果。R^2_{OOS} 是由坎贝尔和汤普森（2008）设定的样本外 R^2，用来衡量预测模型相对于历史均值基准的 MSFE 的比例减少。$MSFE_{adj}$ 是由克拉克和韦斯特（2007）调整的 MSFE 统计量，其零假设是 $R^2_{OOS} = 0$，对立假设是 $R^2_{OOS} > 0$。整个样本期为 1985 年 1 月至 2021 年 6 月。

二、因子择时背后的经济学机制

（一）现金流渠道

我们研究了 EPU 与未来总体超预期盈余（SUE）之间的关系，以探索现金流预期渠道。刘等（Liu et al. , 2019）发现，由 SUE 衡量的基本面因素对不同规模组别的股票在公告日期的回报有显著的正面影响。如果 EPU 能够以不同的方式预测小型和大型组别的未来 SUE，那么我们可以解释 EPU 为何能预测规模溢价（见表 3 - 8）。

表 3 – 8   EPU 和总超预期盈余

EPU	大股票			小股票		
月	β（%）	t-stat	R²（%）	β（%）	t-stat	R²（%）
0	3.51	2.46	7.27	0.51	0.59	0.48
1	3.45	2.34	6.88	0.50	0.57	0.46
3	3.28	2.25	6.25	0.61	0.74	0.68
6	3.48	2.45	7.12	0.76	0.84	1.05
9	3.76	2.27	8.17	0.82	0.75	1.20
12	3.95	2.17	8.70	1.08	0.90	2.00
24	6.53	3.32	14.45	2.40	1.83	5.66
36	8.77	3.79	13.97	1.36	0.78	0.95

注：本表报告了滞后 EPU 对 h 个月后总体超预期盈余（SUE）的预测回归的估计结果。预测期 h 跨度为 0～36 个月。为了比较每个规模组的预测能力，根据市值将股票分为两组（即大型股和小型股），类似于月度因子构建的过程。表中展示了每个预测回归的 β 系数、t 统计量和 R²。

根据江等（Jiang et al.，2019）的研究，我们设置了如下模型：我们将未来的总体超预期盈余回归到不同时间段的滞后 EPU 上。接下来我们使用下述方法来计算 SUE，即 $SUE_{i,t} = \Delta_{i,t}/\sigma(\Delta_i)$，其中 $\Delta_{i,t}$ 是股票 i 季度盈利的年度变化，$\sigma(\Delta_i)$ 是过去八个季度 $\Delta_{i,t}$ 的标准差。

$$SUE_{t+h} = \alpha + \beta EPU_t + v_{t+h} \tag{3-12}$$

其中，因变量 SUE_{t+h} 是按价值加权的公司层面 SUE 计算的 h 个月后的总体超预期盈余。预测期限从 0～36 个月不等。为了比较对小型股和大型股的预测能力，我们基于市值将股票分为两组（即大型股和小型股），类似于因子构建过程。

在表 3 – 8 中我们可以看到，EPU 对大型股从下个月到未来 36 个月的总体超预期盈余有正向的预测作用。相比之下，我们并未发现 EPU 和小型股的总体超预期盈余之间有显著的关系。为解释该实证结果，我们发现大公司在高 EPU 时期有许多扩展业务的方式，因此往往表现出更优越的经营业绩。由于 SMB 是由做多小型股和做空大型股的组合构建的，自然 EPU 可以负向预测 SMB。

（二）资产避险渠道

贝勒等（Baele et al.，2020）仅使用 23 个国家的股票和债券回报数据来识别资产避险日，并发现对冲基金会在资产避险日之前会改变它们的系统性风险敞口。在中国，陈等（Chen et al.，2020）观察到，主动管理的股票型公募基金在规模风险上的暴露能够预测规模因子的回报。因此，我们假设基金经理可能会使用经济政策不确定性（EPU）的信息来调整他们的规模风险敞口。也就是说，EPU 较高的阶段，基金经理似乎会寻求资产避险，购买更多的大盘股而非小盘股。

在这一小节中，我们探讨了主动管理的公募基金如何因应 EPU 而变化其对小盘股和大盘股（SMB）的敞口。我们假设当经济环境高度不确定且 EPU 水平高时，基金经理更倾向于持有大盘股而非小盘股。与小公司相比，大公司拥有更强的抗风险能力，表现更安全。当公募基金在 EPU 指数上升时大量投资于大盘股，价格可能会相应地被推高，导致大盘股表现优异，并使规模溢价下降。

我们进行了两项测试以评估我们的假设。在第一项测试中，我们根据阿里等（Ali et al.，2008）的方法，研究了 EPU 对公募基金股票持有市值的异常投资度量（AIM）的影响。我们按以下方式计算基金 i 在 t 时期的 AIM：

$$AIM_{i,t} = \sum_{j=1}^{N} \omega_{i,j,t} \times Rank(ME_{j,t}) \qquad (3-13)$$

其中，$AIM_{i,t}$ 是基金 i 在 t 时期的 AIM，$Rank(ME_{j,t})$ 是基于 t 时期市值的股票 j 的十分位排名，N 是基金 i 在 t 时期持有的股票总数，$\omega_{i,j,t}$ 是基金 i

在 t 时期持有的股票 j 的比例。较高的 $AIM_{i,t}$ 表明基金 i 在 t 时期持有更多大盘股而非小盘股。然后，我们汇总每个时期的 $AIM_{i,t}$，并获得时间序列形式的按价值加权的 AIM，这显示了公募基金的平均市值排名。我们探讨了 EPU 对下一时期 AIM 的影响，并控制了滞后的 AIM。

$$AIM_{t+1} = a + b^{EPU} \times EPU_t + b^{AIM} \times AIM_t + \varepsilon_{t+1} \qquad (3-14)$$

为排除新发行的指数型基金可能受基金公司而非基金经理驱动的影响，我们在此测试中只保留了成立超过一年的基金。根据 Wind 分类的不同类型共同基金的估计结果显示在表 3-9 的 Panel A 中。前五种类型为主动管理基金（即普通股票基金、部分股票混合基金、平衡混合基金、部分债务混合基金和灵活配置基金），另外两种为被动指数型共同基金（即被动指数基金和增强指数基金）。对于主动管理基金，所有估计的 b^{EPU} 值均具有统计显著性，这表明主动管理基金的经理人擅长时机选择，并倾向于在高不确定性状态下持有更多大盘股以寻求资产安全。相比之下，被动指数型共同基金经理主要跟踪预定指数，缺乏时机选择能力。进行安慰剂测试时，我们对被动基金进行了同样的测试，结果不具显著性。这一结果证明了经济不确定性对基金经理的规模择时行为可能存在潜在影响。

表 3-9　　　　　　　　　　EPU 和基金经理的行为

Panel A

	普通股票基金	偏股混合基金	平衡混合基金	偏债混合基金	灵活配置基金	被动指数基金	增强指数基金
EPU_t	4.75 * (1.92)	4.56 ** (2.27)	4.21 *** (2.79)	3.68 ** (2.52)	4.45 ** (2.24)	1.27 (1.36)	1.20 (1.60)
AIM_t	93.20 *** (7.47)	88.01 *** (8.02)	83.62 *** (9.43)	72.04 *** (9.81)	78.45 *** (9.00)	87.25 *** (6.47)	63.35 *** (6.34)

续表

Panel B	β_{t+1}^{SMB}			SMB_{t+1}		
	月度	季度	半年	月度	季度	半年
EPU_t	-0.87* (-1.80)	-0.57 (-1.16)	-0.95 (-1.62)	-0.22** (-2.06)	-0.51* (-1.84)	-1.51*** (-3.09)
β_t^{SMB}	68.97*** (13.57)	81.89*** (15.21)	78.99*** (10.42)	2.44** (2.03)	6.80** (2.02)	7.09 (0.92)

注：本表格报告了根据 Wind 分类的七种类型公募基金的回归估计结果，即 $AIM_{t+1} = a + b^{EPU} \times EPU_t + b^{AIM} \times AIM_t + \varepsilon_{t+1}$。整个样本期为 2003～2020 年。由于共同基金信息披露限制，AIM 和 EPU 为半年度数据。B 面板显示了两组回归结果。前三列报告了月度、季度和半年度频率下 $\beta_{t+1}^{SMB} = a + b^{EPU} \times EPU_t + b^{SMB} \times \beta_t^{SMB} + \varepsilon_{t+1}$ 的估计结果。后三列是月度、季度和半年度频率下 $SMB_{t+1} = a + b^{EPU} \times EPU_t + b^{SMB} \times \beta_t^{SMB} + \varepsilon_{t+1}$ 的估计结果。整个样本范围从 2003 年 1 月至 2021 年 6 月。*、** 和 *** 分别表示在 10%、5% 和 1% 的水平上显著，估计系数下方的括号中为 Newey-West 调整后的 t 统计量。所有估计参数均为百分比形式，EPU 指数除以 100。

根据陈等（2020）的方法，在第二项测试中，我们探讨了 EPU 对主动管理的中国股票型共同基金的规模因子敞口的影响。陈等（2020）发现，规模因子敞口可以有效地预测后续的规模因子收益，这意味着主动股票基金通过调整其规模敞口可以精准把握时机。我们假设 EPU 可能会对规模载荷产生负面影响，这可以解释其对 SMB 的预测能力。

我们根据陈等（2020）的方法，使用刘等（2019）的三因子模型，对主动股票基金的日收益进行规模敞口估计，公式如下：

$$r_{i,t} - rf = \alpha + \beta_i^{MKTRF} \times MKTRF_t + \beta_i^{SMB} \times SMB_t + \beta_i^{VMG} \times VMG_t + \varepsilon_t$$

$$(3-15)$$

其中，$r_{i,t}$ 是基金 i 的收益率，rf 是无风险利率，$MKTRF_t$、SMB_t 和 VMG_t 是根据刘等（2019）构建的市场、规模和价值因子回报。我们在月度、季度和半年度频率上估计基金 i 的规模载荷 β_i^{SMB}，然后计算所有可用的主动股票基金的按价值加权的 β_i^{SMB}。较高的 β_i^{SMB} 表明主动股票基金倾向于持有更多的小盘股而非大盘股。

EPU 对 SMB 预测能力的一个潜在渠道是基金经理利用经济不确定性信息来把握时机，这反映出 EPU 对下一时期的规模载荷有影响。

$$\beta_{t+1}^{SMB} = a + b^{EPU} \times EPU_t + b^{SMB} \times \beta_t^{SMB} + \varepsilon_{t+1} \qquad (3-16)$$

我们关注的是 b^{EPU} 的符号和显著性。回归结果显示在表 3-9 的 Panel B 中。根据前三列的数据，只有月度 b^{EPU} 在 10% 的水平上显著为负。EPU 指数增加一个标准差意味着下一月的规模载荷将减少 0.0196。其他两个时期的结果为负且不显著，这表明 EPU 可能会对下一时期的规模载荷产生负面影响，但这种影响相对较弱。

根据表 3-9 的 Panel B 最后三列的数据，我们观察到在控制规模载荷的情况下，EPU 对规模溢价具有强大的预测能力。实证结果表明，EPU 指数增加一个标准差将导致次月规模因子回报减少约 0.50%。只有当投资组合每季度重新平衡时，EPU 的表现才会低于 β^{SMB}。这一结果表明，规模载荷中包含的预测信息可能部分来源于经济不确定性。因此，EPU 在因子择时方面对基金经理的行为有影响。

（三）投资者注意力渠道

在这一小节中，我们研究经济政策不确定性（EPU）对规模溢价的预测能力是否可以通过注意力的渠道来解释。遵循江等（2022）的方法，我们构建了一组与注意力相关的变量，即 $Posts_t$、$AbnAtt_t$、$\Delta AbnAtt_t$ 和 $\Delta Posts_t$。$Posts_t$ 是"中国东方财富股吧"（http://guba.eastmoney.com/）上股票的加权月均帖子数量，该论坛是中国投资者讨论特定股票近期表现的主要股票论坛。$AbnAtt_t$ 代表异常注意力，我们将 $Posts_t$ 减去其过去一年平均值（不包括最近一个月），再除以平均值来计算。为了检验不同市值股票之间投资者注意力的差异，我们还构建了 $\Delta AbnAtt_t$ 和 $\Delta Posts_t$，这两者分别是小盘股和大盘股之间 $Posts_t$ 与 $AbnAtt_t$ 的差异。

首先，我们检验在控制注意力指标的情况下，EPU 对 SMB 的预测能力是否成立。

$$SMB_{t+1} = a + b^{EPU} \times EPU_t + b^X \times X_t + \varepsilon_{t+1} \qquad (3-17)$$

其中，X_t 代表投资者注意力的一种度量，即 $Posts_t$、$AbnAtt_t$、$\Delta AbnAtt_t$ 或 $\Delta Posts_t$。

其次，为了进一步探索 EPU 是否可能受到投资者注意力的影响，我们对 EPU_{t+1} 进行回归，同时考虑这些度量指标和滞后的 EPU 指数。

$$EPU_{t+1} = a + b^{EPU} \times EPU_t + b^X \times X_t + \varepsilon_{t+1} \qquad (3-18)$$

这里的符号与方程式（3-17）中的类似。

表 3-10 报告了对四种投资者注意力度量指标（即 $Posts_t$、$AbnAtt_t$、$\Delta AbnAtt_t$ 和 $\Delta Posts_t$）进行回归的两组估计结果。$Posts_t$ 是中国"东方财富股吧"上股票的加权月均帖子数量。$\Delta Posts_t$ 是小盘股和大盘股之间 $Posts_t$ 的差异。$AbnAtt_t$ 是异常注意力，计算方法为 $Posts_t$ 减去过去一年的平均值（不包括最近一个月），再除以平均值。$\Delta AbnAtt_t$ 是小盘股和大盘股之间 $AbnAtt_t$ 的差异。整个样本期间为 2001 年 1 月至 2020 年 6 月。

从表 3-10 中我们可以看到，所有的注意力度量都无法排除 EPU 的预测能力。由于 EPU 是一个基于新闻的指数，我们也想明晰 EPU 究竟是否可以通过注意力代理来预测。我们的结果显示，异常注意力可能对 EPU 有显著的正面影响。投资者的注意力可能与 EPU 相关联，但不能完全解释其预测能力。因此，我们排除了基于注意力的解释对我们结果的影响。

表 3 – 10　　　　　　　　　　　　EPU 和投资者的注意力

	SMB_{t+1}				EPU_{t+1}			
	$Posts_t$	$AbnAtt_t$	$\Delta Posts_t$	$\Delta AbnAtt_t$	$Posts_t$	$AbnAtt_t$	$\Delta Posts_t$	$\Delta AbnAtt_t$
注意力	0.01 (0.39)	0.02 *** (2.57)	− 0.02 (− 0.68)	0.00 (0.42)	0.01 (1.05)	0.01 *** (5.55)	− 0.01 (− 0.72)	0.03 *** (14.79)
EPU_t	− 0.37 *** (− 3.28)	− 0.36 *** (− 3.44)	− 0.39 *** (− 3.27)	− 0.34 *** (− 3.27)	0.88 *** (24.71)	0.89 *** (26.59)	0.89 *** (24.74)	0.89 *** (26.72)

注：表 3 – 10 呈现了两组回归结果。前四列报告了 $SMB_{t+1} = a + b^{EPU} \times EPU_t + b^X \times X_t + \varepsilon_{t+1}$ 的估计结果，其中 X_t 包括 $Posts_t$、$AbnAtt_t$、$\Delta AbnAtt_t$ 和 $\Delta Posts_t$。后四列是 $EPU_{t+1} = a + b^{EPU} \times EPU_t + b^X \times X_t + \varepsilon_{t+1}$ 的估计结果，其中 X_t 包括 $Posts_t$、$AbnAtt_t$、$\Delta AbnAtt_t$ 和 $\Delta Posts_t$。*、** 和 *** 分别表示在 10%、5% 和 1% 的水平上显著。Newey-West t 统计量在估计系数下方的括号中报告。所有变量按月构建，EPU 指数除以 100。

三、结论

本研究检验了经济政策不确定性（EPU）是否能预测中国市场上 16 种流行因子的回报。证据表明，在这些因子回报中，EPU 只能在样本内外预测规模溢价。这一结果在美国市场并不存在。因此，我们得出结论，EPU 可以成为中国市场中强大的规模择时信号。在 EPU 较高的阶段，小盘股的表现不如大盘股。我们提出了两个的经济渠道来传递 EPU 的影响。在现金流渠道中，EPU 可以（不能）预测大盘股（小盘股）的整体超预期盈余。在资产避险渠道中，随着 EPU 的增加，基金经理倾向于持有大量的大盘股以寻求避险。我们也排除了基于投资者注意力的解释。我们的实证结果强调了 EPU 在中国股票市场因子择时中的作用。

第四章
Chapter 4

公募基金和资本市场效率

 第一节 公募基金业绩超额收益和可持续性

公募基金（mutual fund）是指基金管理人面向社会不特定投资者发行的投资组合。由于信息和认知能力等一系列因素的限制，投资者直接参与证券市场会遇到很多挑战。公募基金的专业服务能够帮助投资者克服上述挑战。在美国市场公募基金整体在风险调整后并没有创造费后超额收益，业绩表现并不具备可持续性（Carhart，1997；Fama and French，2010）。然而，这些结论在中国遇到挑战，如余剑锋等（2020）发现2005～2019年中国主动管理的公募基金费后能创造7%～8%的超额收益。

与此同时，在公募基金的合同契约中，存在着一定的委托—代理问题。贝尔克和格林（Berk and Green，2004）指出由于事先难以观测基金经理的能力，投资者根据观察到的历史业绩，基于贝叶斯法则决定资金的投向。由于基金存在规模报酬递减效应，资金持续流入使基金业绩难

以持续。相较于其他"商品"，投资者事先并不知道购买基金的质量，因此只能通过历史信息来推测基金未来的表现，基金业绩的可持续性尤为关键。卡哈特（Carhart，1997）发现在美国市场股票风险因子的收益和基金交易成本可以在一定程度上解释基金业绩的可持续性。对于中国市场，我们同样关心中国的公募基金是否具有超额收益，以及基金的业绩表现是否具有可持续性。

中国的公募基金行业发展较晚，早期发行的公募基金以封闭式基金为主。2001 年 9 月华安基金推出了中国首只开放式基金华安创新（040001. OF）。该基金自成立以来累计收益为 615.94%，年化收益为 9.91%，而同期的 Wind 全 A 指数（反映全市场股票的收益率）累计收益率仅为 291.47%。该基金一共由 11 位基金经理参与过管理，人均任职时间为 2.58 年。华安创新的收益基准为"沪深 300 指数收益率×75% + 中债国债总财富指数收益率×25%"，从基金的持仓来看基金长期的股票仓位也在 75% 左右。基金规模在历史上也发生过剧烈变动，2007 年末基金的管理规模高达 144 亿元，接近 60.5 万持有人；而 2021 年末的规模仅为 20.17 亿元，持有人仅为 8.26 万。华安创新的发展，侧面折射出了中国公募基金行业的特点：一方面，相对于市场收益，公募基金可以为投资者创造长期的超额收益，然而由于投资者频繁地申购赎回，基金规模变动较大，一定程度上也造成了"基金赚钱，基民不赚钱"的困境。另一方面，基金运作上变动较大，由于基金经理的频繁更替，投资者基于基金历史表现来筛选基金面临着更大的困难。

在本章中，我们首先给出主动管理的股票型基金详细的描述性统计，帮助我们了解中国市场上公募基金和成熟市场的区别；其次我们重点讨论了公募基金是否存在超额收益，并讨论了基于原始收益和风险调整收益分组后，基金的业绩是否具有短期或更长期限的可持续性。

本章使用的公募基金数据覆盖了主动管理的股票型基金，时间范围为 2005 年 1 月至 2021 年 12 月。该数据避免了生存偏差，因为我们同时加入了已经清盘基金。数据的来源为 Wind 数据库。根据 Wind 的分类，我们将普通股票型基金、偏股混合型基金、平衡混合型基金和灵活配置型基金作为主动管理的股票型公募基金。在计算基金数量时，我们并未对基金的不同份额进行合并。

表 4 – 1 汇报了主动管理的股票型公募基金描述性统计。首先，整个样本区间基金数量众多，平均每年有 4222 只基金，但这些基金成立时间却很短，仅为 3.3 年。其次，中国的公募基金换手率极高，平均每年高达 303%；对于灵活配置型基金来说，换手率达到了 397%，大幅高于其他类型的基金。此外，基金的管理规模为 28.13 亿元，平均年度的资金流动（flow）为 65.80%，这背后的原因可能在于基金的规模变化较大，由此计算出来的 flow 出现了较大的波动，进而推高了平均值。最后，我们还发现绝大多数的公募基金都包含申购和赎回费用，最大的申赎费率达到了 2.15%。结合中国市场的实际情况，通常股票型基金的申购费为 1.5%，赎回费为 0.5%。近年来，由于互联网基金代销平台的兴起，基金的申购费大幅降低到名义水平的 1/10，目前的水平为 0.12% ~ 0.15%。

表 4 – 1　　　　　　主动管理的股票型公募基金描述性统计

基金类型	基金数量（只）	平均基金数量（只）	资产规模（亿元）	flow（%）	换手率（%）	包含申赎费用的基金比例（%）	最大申赎费率（%）	平均基金成立时间（年）
基金年度横截面特征在时间序列上的平均值（2005 ~ 2021 年）								
全样本	4222	1034.69	28.13	65.80	303.00	99.80	2.15	3.30
按基金类别分类								
普通股票型基金	874	242.38	28.79	82.80	270.00	99.90	2.22	2.83
偏股混合型基金	1426	292.56	34.33	56.10	256.80	99.80	2.10	4.47
平衡混合型基金	53	24.75	35.11	24.10	260.60	98.40	2.06	7.99
灵活配置型基金	2235	497.81	20.19	84.10	397.60	99.70	2.18	2.68

续表

| 基金年度横截面特征在时间序列上的平均值（2005～2021 年） | | | | | | | |
基金类型	基金数量（只）	平均基金数量（只）	资产规模（亿元）	flow（%）	换手率（%）	包含申赎费用的基金比例（%）	最大申赎费率（%）	平均基金成立时间（年）
按当前状态分类								
存续	3855	985.38	28.17	66.40	300.10	99.90	2.15	3.33
已清盘	367	49.31	15.34	11.10	355.40	96.40	2.27	2.79

注：本表汇报了 2005～2021 年基金年度横截面特征在时间序列上的平均值。基金的特征包括基金的规模、flow（基金年度资金的流动）、基金持仓的换手率、最大申赎费率（包括了基金最大的前端、后端的申购赎回费用以及销售服务费）。存续基金是 2021 年之后仍然更新净值的基金，清盘基金是在 2021 年之前已经清盘或者转型的基金。

　　总的来说，上述描述性统计给出了中国股票公募基金行业的概览。中国的股票型公募基金普遍成立时间短、换手率高、资金流动大。

　　为了衡量基金的超额收益，我们首先需要定义出风险调整的基准。在第二章中，我们详细比较了因子模型在中国市场的表现，并发现基于借壳上市概率来修正 CH－4 模型具有更好的解释力。在接下来针对中国公募基金的实证分析中，我们仍然以 CH－4 模型作为业绩基准。CH－4 模型是目前所有公开发表论文中被广泛认可的模型，使用该模型作为风险收益基准能够更好地与文献中的结果进行比较。

　　基金业绩的可持续性是指通过基金过去的表现可以预测未来的表现。对于投资者来说，最直观的方式是选择过去一年表现好的基金。在表 4－2 中，我们按照过去一年的收益率将基金组合分为 10 组。过去表现最差的一组基金，未来一年其平均月度超额收益率为 1.27%；过去表现最好的基金，平均月度超额收益率为 1.25%。我们对第 1 组和第 10 组进一步细分。我们发现，无论是第 10 组和第 1 组，还是第 10C 和第 1A 组，上述组合的收益率并没有显著差别。这表明根据原始收益率进行分组的基金并不具备收益率上的可持续性。进一步，我们还发现所有分组基金的

CH4_Alpha 均显著大于 0，基金的风险调整后收益（即 CH4 – Alpha）在 0.62% ~ 0.89%，年化后的收益为 7.44% ~ 10.68%。上述发现和文献里一致，即中国主动管理的公募基金能够为投资者创造风险调整后的超额收益。此外基金的其他特征，在分组里并没有表现出明显的单调关系。

表 4 – 2　　　　按照过去一年基金收益率排序形成的组合

分组	月度超额收益（%）	标准差（%）	CH4 调整后收益（%）	CH4 调整后收益对应的 t 值	基金成立时间	基金规模	基金费率（%）	换手率（%）	最大申赎费率（%）
1A	1.36	7.43	0.84	4.69	3.32	28.57	2.11	279.69	2.15
1B	1.20	7.18	0.52	2.85	3.25	29.12	2.02	279.15	2.17
1C	1.26	6.79	0.62	3.85	3.37	27.66	2.07	280.38	2.16
1（low）	1.27	7.08	0.66	4.01	3.30	27.96	2.07	275.59	2.14
2	1.23	6.38	0.62	3.59	3.27	27.05	2.14	306.14	2.14
3	1.38	6.34	0.77	4.69	3.85	32.65	2.22	343.89	2.12
4	1.29	6.34	0.75	4.34	3.92	23.32	2.24	304.69	2.12
5	1.42	6.60	0.89	4.94	4.15	31.85	2.93	329.89	2.12
6	1.37	6.63	0.88	4.47	3.97	26.40	3.36	330.33	2.11
7	1.27	6.86	0.75	3.67	4.25	29.50	2.66	312.53	2.12
8	1.23	6.87	0.73	3.13	4.05	30.38	2.02	339.58	2.05
9	1.22	6.92	0.75	2.73	3.85	24.79	2.39	322.34	2.13
10（high）	1.25	7.14	0.83	2.69	3.51	31.73	1.90	312.22	2.10
10A	1.10	7.00	0.69	2.21	3.73	29.21	1.91	303.31	2.10
10B	1.25	7.25	0.77	2.55	3.63	29.76	1.88	282.46	2.11
10C	1.38	7.30	1.03	3.06	3.23	35.28	1.91	360.23	2.11
10 – 1	– 0.02	2.49	0.18	0.64	– 0.09	3.77	– 0.18	36.63	– 0.04
10C – 1A	0.03	3.15	0.19	0.60	– 0.09	6.71	– 0.19	80.54	– 0.05
10 – 9	0.02	0.97	0.08	1.15	– 0.34	6.94	– 0.50	– 10.12	– 0.03

注：参考卡哈特（1997）的做法，根据基金过去一年的原始收益率，基金在每年的年初构造成 10 个组合，调仓频率为年度，时间范围为 2005 ~ 2021 年。基金组合的权重为等权重，因此当基金清盘时，权重可以自动调整。过去一年表现最差的基金，形成了第 1 组；同时过去一年表现最好的基金，形成了第 10 组。第 10 组和第 1 组按照同样的方式等分为三个组合。我们汇报了每一个组合在接下来一年的月度超额收益率（扣除无风险收益率）、超额收益率对应的标准差。此外我们使用 CH4 模型作为基准回归到超额收益上，截距项为 CH4_Alpha，截距项对应的 t 值为 CH4_Alpha_t。此外我们还汇报了每一个基金组合的特征，包括成立时间、基金规模、基金费率、换手率和最大申赎费率。

基金在过去获得的收益率，可能来自其风险承担。因此我们使用 CH-4 因子模型来对基金过去的收益率进行风险调整。风险调整后的收益（即 Alpha）在一定程度上反映了基金经理的主动管理能力。表 4-3 汇报了按照过去三年基金的 Alpha 排序形成的组合，过去 Alpha 最小的组合未来 1 年的平均月度超额收益率为 1.15%；而第 10 组，平均月度超额收益率为 1.54%。两者的差为 0.39%，对应的 CH4-Alpha 为 0.63%，t 值为 4.31。这表明 Alpha 表现优异的基金，在未来一年仍然有较好的表现。进一步，我们发现，第 10 组和第 1 组的交易成本差异为 0.02%，基金费率差异为 0.05%，而其 Alpha 的年度差异为 7.56%（0.63%×12），因此上述表现的差异并不能被交易成本和基金费率所解释。由于基金经理的主动管理能力在一段时间内可以理解成是相对稳定的变量，这可能是基金 Alpha 具有可持续性的原因。投资者也可以按照基金过去三年的 Alpha 来筛选基金。

表 4-3　　　　　按照过去三年基金的 Alpha 排序形成的组合　　　　单位:%

分组	月度超额收益	标准差	CH4 阿尔法	CH4 阿尔法对应的 t 值	交易成本（年）	基金费率（年）	换手率（年）
1（low）	1.15	6.63	0.55	3.35	1.18	1.97	298.52
2	1.20	6.53	0.57	3.49	1.24	1.98	327.34
3	1.21	6.39	0.59	3.64	1.13	1.99	323.50
4	1.20	6.22	0.62	4.29	1.08	2.31	278.90
5	1.14	6.33	0.55	3.44	1.08	2.09	304.49
6	1.22	6.43	0.65	3.76	1.09	1.97	286.56
7	1.31	6.59	0.76	3.84	1.16	2.36	269.50
8	1.46	6.81	1.08	4.64	1.12	2.04	260.32
9	1.50	7.03	1.11	5.00	1.19	2.61	301.62
10(high)	1.54	7.32	1.18	4.55	1.20	2.02	327.24
10-1	0.39	2.05	0.63	4.31	0.02	0.05	28.72
10-9	0.04	0.97	0.07	1.09	0.01	-0.59	25.62

注：参考卡哈特（1997）的做法，根据基金过去三年的业绩表现，估算出基金的 CH4_Alpha。Alpha 最小的基金，形成第 1 组；Alpha 最大的基金形成第 10 组。我们汇报了每一个组合在接下来一年的月度超额收益率（扣除无风险收益率）、超额收益率对应的标准差、CH4_Alpha 及对应的 t 值。此外我们还汇报了每一个基金组合的特征，包括成立时间、基金规模、基金费率、换手率和最大申赎费率。

　　由于表4-3的结果仅关注了未来1年的情况，我们同时也关心基金长期业绩的可持续性。图4-1汇报了按照过去三年基金的Alpha排序形成组合在长期的表现。对于历史表现最好的一组基金，其在组合形成的当年以及其后的未来1年，均保持了较好的表现。然而在其后的2~5年里，第10组和其他分组并没有显著的差别。当投资者发现一只基金具有显著的超额收益时，更多的资金就会流入该基金。由于基金存在着规模报酬递减的特征，基金的规模会影响基金创造超额收益的能力，因此我们在图4-1中观察到基金在短期（1~2年）里业绩具有一定的可持续性，在更长的期限里其投资业绩并没有显著的可持续性。

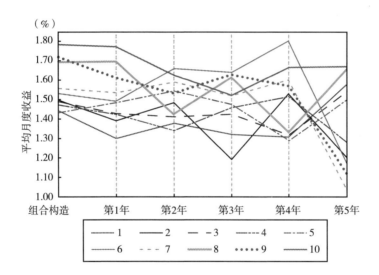

图4-1　按照过去三年基金的Alpha排序形成组合在长期的表现

　　注：本图为公募基金按照过去三年业绩表现估算出来的Alpha分组形成的收益率。曲线代表了分组后的时间形成的平均月度超额收益率（扣除无风险收益率后）。Alpha最大的基金，形成了第10组；Alpha最小的基金，形成了1组。投资组合是等权重的，因此当基金清盘时，权重也会因此调整。

　　在本章中，我们首先回顾了中国公募基金的特点，给出了股票型公募基金的描述性统计。接下来我们发现中国的公募基金能够创造显著的超额收益，股票风险因子模型和基金投资成本并不能完全解释基金的超额收益。然而以原始收益率来看，基金的收益率并不具备可持续性；而从风险调整后收益来看，基金的收益率在短期内表现出一定的可持续性，但随着时间的推移，上述可持续性并不稳定。

第二节　公募基金收益率可预测性

一、收益率可预测性

在公募基金的研究领域中，一个备受关注的问题是投资者究竟能否在事前识别出可产生超额收益的基金，这个问题可能和投资者拥有的信息相关。据此，国内外的大量文献发现了一系列可以预测基金未来超额收益的变量。如果基金的超额收益可以被预测，那么投资者可以投入更多的资金到优秀的基金上，优秀的基金管理者也会获得更多资金流入，进而得到更多的管理费收入。同时，由于基金管理者的激烈竞争和市场套利活动的增强，基金的超额收益率也会朝着降低可预测性的方向动态调整。在这个过程中，资源配置的效率将会得到提升。

中国的股票市场是一个散户主导的市场，根据上海证券交易所2018年年鉴，个人投资者的交易金额占到交易总额的82.01%，而机构投资者只有14.76%。散户投资者的交易决策并不理性，他们短期投机的倾向增加了股票的换手率，从而加大了股票的错误定价程度。在上述背景下，散户提供的错误定价和非理性繁荣为有经验的机构投资者提供了更大的获取超额收益的机会。公募基金作为最重要的机构投资者，其在纠正错误定价、实践长期价值投资发挥着重要作用。中国的公募基金市场是一个快速发展的市场，特别是过去五年，中国的公募基金行业迎来了爆发式增长。根据中国证券投资基金业协会公布的数据，截至 2020 年 12 月底，公募基金管理规模突破 19.89 万亿元，其中扣除货币基金的管理规模为 11.8 万亿元。针对成熟市场的研究认为公募基金在扣除费用后并不能创造显著的超额收益。然而，余剑峰等（2020）发现中国市场的主动管理股票型基金自 2002~2019 年能够为投资者创造高达年化约 7.58% 的风险调整后超额收益。

学术界有大量文献提出了一系列能够预测基金收益率/超额收益的指标，然而目前为止尚没有文献全面且系统性地检验这些预测指标在中国公募基金市场上的实证效果。我们关注的第一个问题是：来自学术文献里的基金收益率预测指标在中国公募基金市场是否具备预测能力？我们构造了来自 23 篇顶尖金融学/经济学学术文献中的 36 个基金收益率预测指标，并以统一的框架实证研究了这些指标在中国公募基金市场上的预测能力，结果表明大约一半的指标呈现出了显著的收益率预测能力。此外我们还发现了一个现象：这些预测指标的预测能力在时间序列上逐渐增强，Q5 - Q1 组的 Alpha 平均能保持在每月 0.6% 左右的水平。这个现象和美国市场截然相反，例如，琼斯和莫（Jones and Mo，2021）发现基金收益率预测指标在样本外的预测能力逐渐减弱，原因在于市场套利活动和共同基金行业竞争的不断加剧，部分原因也在于预测指标被提出和公开发表后为市场所熟知。其他相关的研究，例如，科迪亚等（Chordia et al.，2014）发现在美国市场预测效果最好的一些股票市场异象（anomalies）也随着时间逐渐减弱，原因在于市场套利活动的增强；麦克林和庞蒂夫（McLean and Pontiff，2016）发现 97 个有预测效果的股票市场异象在样本外的预测能力平均下降了 32%，他们认为是学术公开发表导致了这个现象。

接下来我们研究的第二个问题是：如果这些预测指标可以预测基金

的超额收益，那么哪些因素影响它们的预测能力呢？我们研究了市场套利活动和公募基金行业竞争两个层面对预测指标的预测能力的影响，实证结果发现，市场套利活动能够显著降低基金收益率的可预测性。随着金融衍生产品的发展和融资融券规模的扩大，预测指标的预测能力有可能在未来出现减弱。此外，随着私募基金的不断壮大，如果以私募基金为代表的"聪明投资者"能够采取更加灵活的方式进行"套利"投资，进而纠正错误定价，这也会进一步降低基金收益率的可预测性。

另外，我们发现投资者并没有根据这些预测指标来筛选基金。具体而言，这些预测指标并不能预测下一期基金的资金流入。进一步，我们区分了机构投资者和散户投资者的资金流入，然而他们均没有依靠这些可以预测基金超额收益的指标进行基金投资。相反，"基金过去 1 年涨跌幅"在各种设定下均能显著且稳健地预测下一期投资者（尤其是散户投资者）的资金流入，这说明中国市场的基金投资者主要还是在根据"基金过去 1 年涨跌幅"来进行基金投资。原因可能在于这些预测指标较为复杂、难以计算，尚未被市场所熟知，以 FoF 基金为代表的专业投资者才刚刚起步，并且基金公司的大力营销和互联网销售平台的兴起使得"基金过去 1 年涨跌幅"深入人心，然而本研究发现"基金过去 1 年涨跌幅"（one-year return）并不能预测基金未来收益率。投资者教育的重要性进一步凸显。

本研究的主要贡献如下。

首先，根据克里默斯等（Cremers et al.，2019）研究，公募基金领域的传统研究观点认为在扣除费用后基金并不能获取超额收益，并且表现最好的基金不具备业绩持续性。然而这些结论在中国市场遭遇非常大的挑战，一些文献发现中国的公募基金平均来讲能够获取超额收益。我们首次系统地研究了 36 个在学术文献中被广泛讨论的基金特征在中国基金市场的预测能力，发现多数特征可以显著且稳健预测基金超额收益。这为中国市场方兴未艾的专业基金投资者（FoF、基金投顾等）和基金评级机构提供了重要的指导借鉴。这些预测指标某种程度上充当了基金经理能力的代表，由于基金经理的投资能力是一个相对稳定的变量，基金的超额收益表现出较强的可预测性。

其次，本研究进一步加深了对这种超额收益预测能力的理解。我们发现一系列市场套利活动的指标可以降低基金超额收益率的可预测性，而公募基金行业竞争和市场投资机会的影响并不显著。可以预见的是，随着私募基金的进一步壮大和融券余额的逐渐上升，公募基金获取超额收益的空间可能将被进一步压缩。

最后，本研究还丰富了对投资者行为和基金资金流动的理解，并且指出当前基金的资金流动存在一定程度的资源错配。在基金研究的相关文献中，尽管基金业绩的表现并不具备可持续性（Carhart，1997；Fama and French，2010），但投资者相信过去基金的历史业绩反映了基金经理的选股能力（Choi and Robertson，2020），从而会依靠基金的历史业绩来选择基金。在中国市场上，我们同样发现了基金投资者的上述非理性行为。尽管我们发现一系列预测指标可以预测基金的超额收益，但机构和个人投资者都没有利用这些信息来筛选基金。相反，投资者（尤其是个人投资者）主要依据"过去1年涨跌幅"在选择基金。如果资金能够更多地流入"未来业绩大概率出色"的基金，而非"过去业绩出色"的基金，社会资金在资源配置上的效率将得到提升，居民财富也能实现增值保值。

本研究还发现了和美国市场截然相反的现象：基金收益率预测指标的预测能力随时间增强。我们认为潜在的原因可能包括：2013年以来随着修订后的《中华人民共和国证券投资基金法》公布，基金市场基础设施逐渐完善，公募基金行业也迎来了飞速发展，专业能力和投资水平的提高可能是基金产生超额收益的能力在增强的原因；此外结合本书的研究发现，在中国市场上，由于专业基金投资者的发展刚刚起步（2017 年下半年公募 FoF 正式推出，2019 年下半年陆续开展基金投顾业务试点），他们可能还未意识到这些来自顶尖学术文献中预测指标的预测能力，同时私募基金和融资融券的绝对规模也尚小，因此针对基金超额收益挖掘的程度仍然处在相对较低的水平上。未来的研究可以进一步探讨这个问题。

二、实证研究

本书以 Wind 数据库中划分的开放式普通股票型基金、偏股混合型基金、灵活配置型基金和平衡混合型基金作为研究样本。由于本书主要研究投资 A 股的公募基金，因此剔除了 QDII 基金。为了避免在后续使用基金持仓数据时异常值的影响，剔除了当期持股数量不足 10 只的基金（Jones and Mo，2021）；此外，还剔除了当期规模不足 1 亿元的基金。参考琼斯和莫（2021）、洪等（Hong et al.，2020）的做法，将同一只基金的多个子份额进行合并处理，即基金收益率按照多个子份额的当期规模取加权平均，基金规模则进行加总。最终本书的研究样本涵盖了 2733 只基金。

研究使用的基金层面的数据来自 CSMAR 数据库，如基金规模、基金净值、基金持仓、成立时间等。基金规模数据和 Wind 数据库进行了校对，不一致之处以 Wind 为准。基金的月度收益率为 2005 年 1 月至 2020 年 12 月，首先需根据基金的净值数据以及基金的收益分配和份额拆分做出调整，并且跟天天基金网和 Wind 进行了校对。由于后面在基于基金持仓构造收益率预测指标时需要用到基金当期的全部持股信息，且基金仅在半年报和年报中披露全部持股信息，因此基金持仓数据为 2005～2020

年样本基金的所有半年报和年报。此外，所有涉及股票层面的数据，如股票收益率、市值、账面市值比等信息均来自 Wind 数据库。

图 4－2 为本书的研究样本内基金数量和规模的变化趋势。2005 年以前基金的数量过少，为保证后面在对基金进行分组时有充足的样本，因此样本区间的起点选择为 2005 年 1 月。此外，从时间趋势上看，无论是基金数量还是规模均呈现迅速增长，尤其是在 2007 年和 2015 年基金规模出现了两次跳跃式增长，近年来则稳中有升。截至 2020 年 12 月底，基金数量为 1719 只，总规模为 23500 亿元。

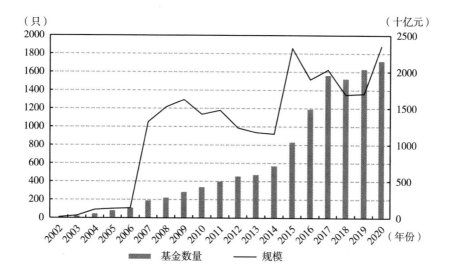

图 4－2　样本基金的数量和规模增长趋势
注：左轴为基金数量，右轴为基金规模。

为了全面地研究基金收益率的预测指标，本研究收集了金融学/经济学国际顶级学术期刊（包括：*Journal of Finance*，*Review of Financial Studies*，*Journal of Financial Economics*，*Review of Finance*，*Journal of Financial and Quantitative Analysis*，*American Economic Review*，*Journal of Political Economy*，*Review of Economics and Statistics*，*Quarterly Journal of Economics*，*Econometrica*）上发表的所有关于基金收益率预测的文献。具体来讲，本研究首先筛选

了上述期刊于 1990～2015 年发表的文章标题中带有"fund"或者摘要中带有"mutual fund"的全部文章。其次,本研究仅保留提出了新的基金收益率预测指标,且该指标在原文中有着显著的业绩预测能力(至少在 5% 水平下显著)的文献。最后,本研究仅保留可基于公开数据在中国市场对预测指标进行复现的文献①。最终剩下 23 篇符合上述要求的文献。

需要做出说明的是,针对上述 23 篇文献中覆盖到的部分基金收益率预测指标,本研究在构造时做了一定的调整和变化。例如,卡哈特(1997)提出的 Alpha 是 Carhart 四因子模型(FF3 + MOM)不能解释的超额收益;而根据刘等(2019)提出的中国版四因子模型(记为 CH4,后面将展开介绍)在中国市场上有着更佳的解释能力,因此本研究构造了 CH4 Alpha 而非 Carhart4 Alpha。此外,参考余剑峰等(2020)对中国公募基金的相关研究,本研究也加入了 CAPM Alpha、特质波动率调整后的 Alpha 作为基金收益率预测指标。同理,本研究在构造基准定价模型未解释 R^2(Amihud and Goyenko,2013)、Holding-based Alpha(Elton et al.,2011)、Back-tested Alpha(Mamaysky et al.,2007)、Success overlap(Cohen et al.,2005)时均同时构造了分别基于 CAPM 和 CH4 模型的两种形式。最后,在构造格林布莱特等(Grinblatt et al.,1995)提出的 Holding-based momentums 时,本研究也同时构造了基于多个参数设定的不同形式。因此本研究一共构造了 36 个基金收益率的预测指标。关于这些指标的描述性统计见表 4 - 4,而详细构造方法请见本书附录。

① 例如伯格斯特等(Bergstresser et al.,2009)发现直销的基金(direct-sold)比代理人销售的基金(broker-sold)未来表现更好,但受限于数据可得,本研究无法区分这两种基金,因此这篇文章不在我们的覆盖范围内。

表 4 - 4　基金收益率预测指标的描述性统计

预测变量	均值	标准差	25% 分位数	50% 中位数	75% 分位数	参考文献
Abnormal cash holding	0.0074	0.3321	−0.0449	−0.0069	0.0429	Simutin（2014）
Active peer benchmark	−0.0001	0.0070	−0.0041	0.0000	0.0036	Hunter et al.（2014）
Active share	0.9021	0.0821	0.8678	0.9181	0.9560	Cremers and Petajisto（2009）
Back-tested CAPM Alpha	0.0044	0.0061	0.0006	0.0041	0.0083	Mamaysky et al.（2007）
Back-tested CH4 Alpha	0.0041	0.0069	−0.0002	0.0037	0.0086	—
Bayesian Alpha	−0.0002	0.0006	−0.0006	−0.0004	0.0000	Busse and Irvine（2006）
CAPM 1 − R^2	0.3317	0.2008	0.1889	0.2881	0.4202	Amihud and Goyenko（2013）
CH4 1 − R^2	0.2332	0.1700	0.1159	0.1821	0.2948	—
CAPM Alpha	0.0046	0.0068	0.0005	0.0040	0.0085	—
CH4 Alpha	0.0046	0.0084	−0.0004	0.0038	0.0092	Carhart（1997），Liu et al.（2019）
Fee（%）	1.6176	0.3460	1.7500	1.7500	1.7500	Elton et al.（1993）
Flow	0.2322	11.4743	−0.1228	−0.0393	0.0000	Zheng（1999）
Flow-induced trading	0.2329	3.8141	−0.1240	−0.0045	0.1934	Lou（2012）
Fund size（in billion RMB）	2.0837	3.4562	3.2371	8.7151	23.7671	Chen et al.（2004）
Growth style	−0.1851	0.4441	−0.4339	−0.1088	0.0910	Chan et al.（2002）
Holding-based CAPM Alpha	0.0016	0.0055	−0.0014	0.0011	0.0046	Elton et al.（2011）
Holding-based CH4 Alpha	0.0010	0.0076	−0.0027	0.0005	0.0052	—
Holding-based momentum_3	0.0004	0.0050	−0.0017	0.0002	0.0028	Grinblatt et al.（1995）
Holding-based momentum_6	0.0011	0.0086	−0.0023	0.0008	0.0052	—

续表

预测变量	均值	标准差	25%分位数	50%中位数	75%分位数	参考文献
Holding-based momentum_9	0.0016	0.0131	-0.0033	0.0015	0.0075	—
Holding-based momentum_11	0.0019	0.0157	-0.0037	0.0016	0.0087	—
Holding-based momentum_24	0.0013	0.0292	-0.0105	0.0013	0.0125	—
Industry concentration	0.1025	0.1146	0.0431	0.0725	0.1156	Kacperczyk et al. (2005)
Intangibles	0.2524	0.2188	0.1409	0.2121	0.3050	Gupta-Mukherjee (2014)
Inverse of diversification	0.0244	0.0151	0.0147	0.0213	0.0303	Pollet and Wilson (2008)
Ivol-adj CAPM Alpha	0.1662	0.2236	0.0161	0.1502	0.3110	—
Ivol-adj CH4 Alpha	0.1772	0.2854	-0.0159	0.1735	0.3660	—
One-year return	0.1185	0.2842	-0.0090	0.0555	0.1831	Hendricks et al. (1993)
Public info	0.0655	0.0701	0.0192	0.0455	0.0882	Kacperczyk and Seru (2007)
Return gap average	0.0048	0.0062	0.0013	0.0043	0.0078	Kacperczyk et al. (2008)
Return gap via CH4 Alpha	0.0033	0.0069	-0.0005	0.0029	0.0066	—
Risk shifting	-0.0063	0.0145	-0.0102	-0.0037	0.0004	Huang et al. (2011)
Skill index	0.0050	0.0083	-0.0006	0.0029	0.0104	Kacperczyk et al. (2014)
Success overlap via CAPM	0.0020	0.0019	0.0007	0.0015	0.0026	Cohen et al. (2005)
Success overlap via CH4	0.0019	0.0026	0.0001	0.0013	0.0032	—
Turnover	0.3852	0.9790	0.1957	0.3713	0.5267	Elton et al. (1993)

注：每个月均对所有上述指标进行1%/99%的缩尾处理。

为了在一个统一的框架下检验和评价表 4-4 中各指标的预测能力，本研究首先采用单变量排序法。具体而言，每个月针对每一个表中的指标[1]，将样本内的基金按照该指标的值从小到大排序后分为 5 组，形成 5 个等权重的基金组合并分别持有，每月底重新进行调整，这样则得到 5 个基金组合的月度收益率时间序列（最低组为 Q1 组，最高组为 Q5）。

此外，本研究也将考察每季度/半年重新调整一次组合的表现。参考杰格迪什和蒂特曼（Jegadeesh and Titman，1993）采用的重叠组合法（overlapping portfolio approach），具体做法如下［以现金持有异常（Abnormal cash holding）和每季度调整一次组合为例］：在每个月都会有 3 个处于同一排序的不同组合（如在 2020 年 4 月，Abnormal cash holding 最高的前 20% 的组合有 3 个，它们分别于 2020 年 1 月底、2 月底、3 月底形成），因此 Abnormal cash holding 这个指标的 Q5 组在 2020 年 4 月的收益率为上述 3 个组合的简单平均。每半年调整一次组合的方式同理。

为了评估这 5 个基金组合在风险调整后的收益情况，本研究选取刘等（2019）提出的中国版四因子模型（CH4）作为基准定价模型。由于 CH4 模型对大量中国市场的异象有着良好的解释能力（Liu et al.，2019）[2]，因此本研究认为该定价模型比中文金融学文献中常用的 Fama-French 三因子模型等更加适用于中国市场。CH4 模型的具体定义如下：

$$r_t - r_{ft} = \alpha_t + \beta_1 MKTRF_t + \beta_2 SMB_t + \beta_3 VMG_t + \beta_4 PMO_t + e_t \quad (4-1)$$

其中，r_t 是基金的月度收益率（费后）；r_{ft} 为 t 期观测到的一年期无风险存款利率除以 12；而股票市场定价因子的构建方法包括市场超额收益因

[1] 如果是更新频率为一个季度或者半年的指标，则按照月度进行向下填充。

[2] 刘等（2019）在构造 CH4 时，考虑在中国的市场环境下，市值过小的股票受"壳价值"污染，因此首先剔除了市值排名末尾 30% 的小股票。其次他们在构造价值因子时使用 E/P ratio 代替 B/M ratio。此外他们还发现，在中国市场换手率是一个很重要的因子。他们的实证结果表明，CH4 能很好地解释中国市场的 FF3 和 FF5 因子，而 FF3 和 FF5 却不能很好地解释中国版四因子。因此，本研究选择 CH4 作为基准模型。

子MKTRF$_t$、市值因子SMB$_t$、价值因子VMG$_t$和换手率因子PMO$_t$（Liu et al.，2019）。后面将分别考察按各个预测指标排序下Q5－Q1组的收益率和风险调整后的超额收益情况。

此外，本研究还参考琼斯和莫（2021）使用的截面回归法（Cross-sectional regression）来评估基金收益率预测指标的预测效果。具体而言，在每一期进行如下截面回归：

$$\text{realized Alpha}_{i,t+1} = a_{0,j,t} + a_{1,j,t}\text{Predictors}_{i,j,t} + \varepsilon_{i,j,t+1} \quad (4-2)$$

$$\hat{a}_{1,j} = \frac{1}{T}\sum_{t=1}^{T}\hat{a}_{1,j,t} \quad (4-3)$$

其中，realized Alpha$_{i,t+1}$是基金 i 在 t＋1 期的已实现 Alpha（realized CH4 Alpha），计算方法为在 t＋1 期使用基金 i 过去 36 个月的收益率计算 CH4 模型中的 4 个风险因子载荷，然后使用这些风险因子载荷计算在 t＋1 期的风险调整后收益；Predictors$_{i,j,t}$是基金 i 的预测指标 j 在 t 期的取值；式（4－3）表示将式（4－2）中每一期的截面回归计算得到的系数在时间序列上取平均，即得到本研究所关心的估计量$\hat{a}_{1,j}$；在计算 Newey-West t 统计量时滞后阶数取 4 以避免自相关和异方差的干扰。为了使对于每个 j 而言$\hat{a}_{1,j}$的大小具备可比性和经济意义，每一期均对所有预测指标进行了 1%/99% 缩尾处理、去中心化处理和标准化处理，因此预测指标 j 一个标准差的提升代表了基金未来的 Alpha 增加$\hat{a}_{1,j}$（或每个月$\hat{a}_{1,j}\times 100$ 个 bp）。

截面回归法和单变量排序法的主要区别在于，后者只关心 Q5 组和 Q1 组的差别，只要 Q5－Q1 呈现出统计学和经济学上的显著性即认为该指标存在收益率预测能力；而截面回归法则关心全体基金样本的未来收益率和预测指标间的关系，可以说从另一个角度检验预测指标的预测能力。

表 4 - 5 的结果即为按各个预测指标排序下 Q5 - Q1 组的收益率
（Q5 - Q1）和风险调整后的超额收益情况（Q5 - Q1 CH4 Alpha）。如果以
Q5 - Q1 CH4 Alpha 对应的 t-stat 的绝对值是否大于 1. 96（至少在 5% 的水
平下显著）作为判定这些指标是否具备预测效果的标准，则月度调整、季
度调整、半年度调整下显著的预测指标分别有 20 个、24 个和 22 个（总数
为 36 个），在三种调整频率下同时保持显著的则有 19 个。从 Q5 - Q1 CH4
Alpha 的正负性来看，基本上和提出这些指标的原文献一致。需要注意的
是，部分指标按照其含义应该是值越大则预测未来的基金收益率越低，
例如，Fund size（基金规模越大的基金未来表现越不佳）和 Growth style
（在价值因子上的风险载荷越大说明该基金越偏向价值型，未来表现越不
佳）等，而表 4 - 5 暂并未对此做出相应的反向调整。接下来，本研究筛
选出月度调整下 Q5 - Q1 CH4 Alpha 至少在 5% 的水平下保持显著的 20 个
预测指标作为后面重点研究的对象。

三、预测能力在时间上的变化趋势

在这个部分本研究进一步将整个时间样本进行等分，考察在全样本
上具备预测能力的 20 个指标在不同时间区间上的预测能力是否存在差
别。具体而言，先将全样本等分为 2005 年 1 月至 2012 年 12 月［96 个
月，在 2012 年 12 月之前（pre 2012. 12）］和 2013 年 1 月至 2020 年 12 月
［96 个月，在 2012 年 12 月之后（post 2012. 12）］两个部分。对于值越大
预测未来收益率越低的指标，本研究在该部分进行了反向处理便于比
较①，具体结果如表 4 - 6 所示。Panel A 为单变量排序法的结果。可以发
现在 pre 2012. 12 时间段，20 个预测指标中仅有 9 个至少在 5% 的水平下

---

① 反向处理的预测指标分别是 Fund size、Flow-induced trading 和 Growth style。

表 4 - 5 基金收益率预测指标的分组结果

预测变量	月度再平衡				季度再平衡				半年度再平衡			
	Q5 - Q1	t-stat	Q5 - Q1 CH4 Alpha	t-stat	Q5 - Q1	t-stat	Q5 - Q1 CH4 Alpha	t-stat	Q5 - Q1	t-stat	Q5 - Q1 CH4 Alpha	t-stat
Abnormal cash holding	0.0001	0.19	0.0003	0.33	-0.0001	-0.08	0.0000	-0.03	-0.0002	-0.28	-0.0002	-0.29
Active peer benchmark	0.0014	2.11	0.0034	3.71	0.0027	3.28	0.0057	5.47	0.0016	2.07	0.0038	4.20
Active share	0.0016	1.46	0.0037	2.62	0.0016	1.26	0.0037	2.64	0.0016	1.36	0.0038	2.76
Back-tested CAPM Alpha	0.0038	4.36	0.0053	3.87	0.0065	5.98	0.0078	5.21	0.0051	5.34	0.0060	4.50
Back-tested CH4 Alpha	0.0034	2.87	0.0067	4.25	0.0047	3.63	0.0088	5.96	0.0037	3.03	0.0069	5.03
Bayesian Alpha	0.0012	0.76	0.0045	1.98	0.0014	0.94	0.0045	2.37	0.0014	1.01	0.0045	2.41
CAPM 1 - R^2	0.0007	0.49	0.0020	1.30	0.0007	0.44	0.0018	1.14	0.0005	0.37	0.0015	0.95
CAPM Alpha	0.0045	5.17	0.0060	4.46	0.0076	6.75	0.0088	5.64	0.0057	5.65	0.0066	4.79
CH4 1 - R^2	0.0008	0.61	0.0014	1.08	0.0007	0.54	0.0010	0.71	0.0006	0.45	0.0008	0.60
CH4 Alpha	0.0036	3.00	0.0072	4.47	0.0055	4.04	0.0099	6.62	0.0041	3.23	0.0076	5.47
Fee	0.0001	0.05	0.0005	0.32	—	—	—	—	—	—	—	—
Flow	0.0000	-0.04	-0.0004	-0.30	0.0002	0.27	0.0002	0.26	0.0003	0.41	0.0000	-0.05
Flow induced trading	-0.0093	-4.37	-0.0107	-4.31	-0.0084	-4.75	-0.0097	-4.20	-0.0061	-3.84	-0.0073	-3.57
Fund size	-0.0016	-1.94	-0.0017	-2.01	-0.0019	-1.85	-0.0020	-2.18	-0.0016	-1.67	-0.0018	-1.97
Growth style	-0.0006	-0.43	-0.0049	-2.60	0.0001	0.07	-0.0059	-3.36	0.0001	0.06	-0.0047	-2.76
Holding-based CAPM Alpha	0.0024	2.09	0.0035	2.19	0.0043	3.49	0.0052	3.09	0.0028	2.57	0.0036	2.31
Holding-based CH4 Alpha	0.0027	2.15	0.0057	3.33	0.0037	2.81	0.0073	4.69	0.0030	2.32	0.0059	3.88
Holding-based momentum_3	0.0015	0.84	0.0025	0.93	0.0018	0.95	0.0043	1.79	0.0013	0.74	0.0035	1.56
Holding-based momentum_6	0.0044	3.40	0.0083	4.86	-0.0001	-0.05	-0.0011	-0.65	-0.0002	-0.19	-0.0013	-0.83

续表

预测变量	月度再平衡				季度再平衡				半年度再平衡			
	Q5 - Q1	t-stat	Q5 - Q1 CH4 Alpha	t-stat	Q5 - Q1	t-stat	Q5 - Q1 CH4 Alpha	t-stat	Q5 - Q1	t-stat	Q5 - Q1 CH4 Alpha	t-stat
Holding-based momentum_9	0.0024	1.55	0.0047	1.90	0.0021	1.72	0.0040	2.40	0.0024	2.22	0.0050	3.50
Holding-based momentum_11	0.0022	1.35	0.0046	1.83	0.0039	2.42	0.0074	4.21	0.0026	1.78	0.0054	3.10
Holding-based momentum_24	-0.0001	-0.12	-0.0012	-0.70	0.0025	1.32	0.0052	2.22	0.0016	0.96	0.0039	1.77
Industry concentration	0.0007	0.77	0.0035	3.15	0.0005	0.51	0.0032	2.83	0.0006	0.69	0.0031	2.83
Intangibles	-0.0009	-0.97	-0.0020	-1.61	-0.0008	-0.90	-0.0017	-1.43	-0.0007	-0.91	-0.0016	-1.36
Inverse of diversification	-0.0012	-1.26	-0.0003	-0.30	-0.0016	-1.55	-0.0005	-0.59	-0.0014	-1.39	-0.0003	-0.37
Ivol-adj CAPM Alpha	0.0018	2.20	0.0019	1.82	0.0044	4.62	0.0043	4.34	0.0027	2.93	0.0025	2.66
Ivol-adj CH4 Alpha	0.0021	2.56	0.0046	4.56	0.0037	3.58	0.0071	6.72	0.0026	2.61	0.0051	5.62
One-year return	0.0004	1.17	0.0005	1.95	0.0004	1.26	0.0004	1.39	0.0003	1.02	0.0004	1.26
Public info	-0.0007	-1.32	-0.0001	-0.18	-0.0008	-1.06	-0.0003	-0.34	-0.0005	-0.68	-0.0005	-0.69
Return gap average	0.0059	2.85	0.0065	2.67	0.0046	6.52	0.0049	5.85	0.0035	5.50	0.0037	4.78
Return gap via CH4 Alpha	0.0039	1.73	0.0070	2.64	0.0026	3.23	0.0046	4.98	0.0022	3.10	0.0037	4.72
Risk shifting	-0.0002	-0.23	0.0000	0.01	-0.0009	-0.73	-0.0004	-0.43	-0.0006	-0.61	-0.0001	-0.11
Skill index	0.0025	2.01	0.0035	1.95	0.0042	2.80	0.0052	2.83	0.0025	1.79	0.0031	1.73
Success overlap via CAPM	0.0025	4.67	0.0030	4.00	0.0060	2.56	0.0068	2.85	0.0052	2.33	0.0058	2.54
Success overlap via CH4	0.0016	2.54	0.0031	3.81	0.0039	1.51	0.0071	2.73	0.0033	1.36	0.0062	2.47
Turnover	0.0027	1.70	0.0049	2.66	0.0030	1.72	0.0051	2.90	0.0029	1.68	0.0049	2.78

注：t-stat 为 Newey-West 调整后的 t 统计量，滞后阶数取 4；基金费率 Fee 无法在截面上分为 5 组，因此本研究对于该指标将样本基金分为 2 组，Q5 - Q1 即为这 2 组之差的 t 统计量；此外，Fee 对于每一只基金而言是固定的，不随时间变化，因此按照 Fee 进行排序无论调整组合的频率如何，结果都是一样的。

表 4 - 6　　　　　基金收益率预测指标在不同时间区间的预测效果

Panel A：单变量排序	2005. 01 - 2020. 12		Pre 2012. 12		Post 2012. 12		
预测变量	Q5 - Q1 CH4 Alpha	t-stat	Q5 - Q1 CH4 Alpha	t-stat	Q5 - Q1 CH4 Alpha	t-stat	Diff.
Active peer benchmark	0. 0034	3. 71	0. 0033	3. 27	0. 0037	3. 03	0. 0004
Active share	0. 0037	2. 62	0. 0002	0. 24	0. 0064	3. 24	0. 0062
Back-tested CAPM Alpha	0. 0053	3. 87	0. 0025	2. 31	0. 0069	3. 71	0. 0044
Back-tested CH4 Alpha	0. 0067	4. 25	0. 0023	2. 15	0. 0094	5. 08	0. 0071
Bayesian Alpha	0. 0045	1. 98	0. 0024	1. 71	0. 0077	3. 49	0. 0053
CAPM Alpha	0. 0060	4. 46	0. 0040	3. 47	0. 0072	3. 80	0. 0032
CH4 Alpha	0. 0072	4. 47	0. 0030	2. 49	0. 0099	5. 14	0. 0069
Flow induced trading（ - ）	0. 0107	4. 31	0. 0078	5. 57	0. 0112	2. 54	0. 0034
Fund size（ - ）	0. 0017	2. 01	0. 0012	1. 36	0. 0019	1. 55	0. 0007
Growth style（ - ）	0. 0049	2. 60	0. 0009	0. 57	0. 0073	3. 10	0. 0064
Holding-based CAPM Alpha	0. 0035	2. 19	0. 0035	2. 83	0. 0029	1. 24	- 0. 0006
Holding-based CH4 Alpha	0. 0057	3. 33	0. 0019	1. 50	0. 0078	3. 81	0. 0059
Holding-based momentum_6	0. 0083	4. 86	0. 0049	2. 10	0. 0104	4. 09	0. 0055
Industry concentration	0. 0035	3. 15	0. 0006	0. 52	0. 0056	4. 79	0. 0050
Ivol-adj CH4 Alpha	0. 0046	4. 56	0. 0030	2. 78	0. 0060	4. 25	0. 0030
Return gap average	0. 0030	4. 00	0. 0015	1. 34	0. 0041	4. 82	0. 0026
Return gap via CH4 Alpha	0. 0031	3. 81	0. 0012	1. 48	0. 0047	4. 21	0. 0035
Success overlap via CAPM	0. 0065	2. 67	0. 0003	0. 17	0. 0092	2. 83	0. 0089
Success overlap via CH4	0. 0070	2. 64	0. 0007	0. 31	0. 0097	3. 20	0. 0090
Turnover	0. 0049	2. 66	0. 0006	0. 54	0. 0058	2. 88	0. 0052
mean	**0. 0052**	**3. 41**	**0. 0023**	**1. 84**	**0. 0069**	**3. 54**	**0. 0046 ***** **（7. 87）**
median	**0. 0049**	**3. 52**	**0. 0021**	**1. 61**	**0. 0071**	**3. 60**	**0. 0051**
Panel B：Cross-sectional Regression	2005. 01 - 2020. 12		Pre 2012. 12		Post 2012. 12		
预测变量	Coef.	t-stat	Coef.	t-stat	Coef.	t-stat	Diff.
Active peer benchmark	0. 0027	7. 22	0. 0028	5. 98	0. 0026	4. 46	- 0. 0002
Active share	0. 0000	- 0. 02	- 0. 0011	- 2. 32	0. 0011	2. 57	0. 0022
Back-tested CAPM Alpha	0. 0011	3. 23	0. 0006	1. 57	0. 0017	2. 96	0. 0011

续表

预测变量	Coef.	t-stat	Coef.	t-stat	Coef.	t-stat	Diff.
Back-tested CH4 Alpha	0.0034	7.98	0.0030	5.95	0.0038	5.65	0.0008
Bayesian Alpha	0.0008	1.64	−0.0006	−0.90	0.0023	3.56	0.0029
CAPM Alpha	0.0014	3.56	0.0012	3.24	0.0014	2.19	0.0002
CH4 Alpha	0.0035	7.90	0.0032	6.58	0.0038	5.16	0.0006
Flow-induced trading（−）	0.0041	1.71	0.0012	2.17	0.0070	1.49	0.0058
Fund size（−）	0.0004	1.64	0.0002	0.45	0.0007	3.02	0.0005
Growth style（−）	0.0031	5.28	0.0021	3.43	0.0041	4.33	0.0020
Holding-based CAPM Alpha	0.0007	2.13	0.0006	1.39	0.0008	1.60	0.0002
Holding-based CH4 Alpha	0.0021	5.51	0.0016	3.81	0.0025	4.18	0.0009
Holding-based momentum_6	0.0002	0.55	0.0005	1.17	0.0009	1.54	0.0004
Industry concentration	0.0000	−0.05	−0.0006	−1.34	0.0006	1.18	0.0012
Ivol-adj CH4 Alpha	0.0031	7.54	0.0032	6.72	0.0031	4.50	−0.0001
Return gap average	0.0008	2.36	0.0006	1.25	0.0010	2.09	0.0004
Return gap via CH4 Alpha	0.0020	5.84	0.0017	3.91	0.0023	4.44	0.0006
Success overlap via CAPM	0.0016	4.16	0.0008	1.74	0.0024	4.22	0.0016
Success overlap via CH4	0.0025	5.41	0.0017	3.36	0.0034	4.56	0.0017
Turnover	0.0008	1.98	−0.0003	−0.78	0.0019	3.24	0.0022
mean	**0.0017**	**3.78**	**0.0011**	**2.37**	**0.0024**	**3.35**	**0.0013 *** (4.09)**
median	**0.0015**	**3.40**	**0.0010**	**1.96**	**0.0023**	**3.40**	**0.0009**

注：t-stat 为 Newey-West 调整后的 t 统计量，滞后阶数取 4；（−）表示针对预测指标的经济学含义，对结果取相反数以便于比较；括号内为 t 值；*** 表示在 1% 显著性水平下显著。

显著，而在 post 2012.12 时间段则有 18 个。此外，这 20 个预测指标在 pre 2012.12 内的 Q5 − Q1 CH4 Alpha 平均为 0.0023（每个月 23bp，下同），t-stat 平均仅为 1.83；Q5 − Q1 CH4 Alpha 的中位数为 0.0021，t-stat 的中位数仅为 1.61。反观在 post 2012.12 时间段，这 20 个预测指标的 Q5 − Q1 CH4 Alpha 平均高达 0.0069，几乎是 pre 2012.12 内的 3 倍，t-stat 也平均高达 3.54；而 Q5 − Q1 CH4 Alpha 和 t-stat 的中位数也分别高

达 0.0071 和 3.60。表 4-6 中 Panel A 的 Diff. 列则为每个预测指标在两个时间段上（后减前）的 Q5 - Q1 CH4 Alpha 之差，可以发现有 19 个指标的 Q5 - Q1 CH4 Alpha 出现了增强。此外，Diff. 列的均值为 0.0046（t-stat = 7.87），中位数为 0.0051。因此，从 Panel A 中得出的结论是，近年来这些预测指标的预测能力在增强（平均每月增强了 46bp）。

表 4-6 的 Panel B 为上述 20 个预测指标的截面回归法结果，从另一个角度验证了 Panel A 的结论。具体而言，在 pre 2012.12 时间段，仅有 9 个的预测能力至少在 5% 的水平下显著，而在 post 2012.12 时间段则有 16 个。此外，这 20 个预测指标在 pre 2012.12 内的回归系数平均为 0.0011（一个标准差的提升意味着基金未来的 Alpha 每月上升 11bp，下同），t-stat 平均为 2.37；回归系数的中位数为 0.0010，t-stat 的中位数仅为 1.96。反观在 post 2012.12 内，这 20 个预测指标的回归系数平均高达 0.0024，几乎是 pre 2012.12 内的 2 倍，t-stat 也高达 3.35；而回归系数和 t-stat 的中位数也分别高达 0.0023 和 3.40。从 Diff. 列可以看出有 18 个指标的系数增大。Diff. 列的均值为 0.0013（t-stat = 4.09），中位数为 0.0009。Panel B 进一步验证了 Panel A 的结论，即近年来上述预测指标的预测能力在增强。

此外，本研究进一步计算了这 20 个预测指标 Q5 - Q1 组合的已实现 Alpha（realized CH4 Alpha）并考察其在时间上的变化趋势。具体而言，对于每一个指标（以 Active peer benchmark 为例），本研究在当月使用过去 36 个月的 Q5 - Q1 组合收益率计算 CH4 模型中的 4 个风险因子载荷，然后使用这些风险因子载荷计算当月的风险调整后收益，即为该指标在当月已实现的 Alpha。接着本研究假设等权持有这 20 个基金组合，从而得出这 20 个指标已实现 Alpha 的均值在时间序列上的变化。图 4-3 即为该结果（取滚动 36 个月移动平均进行平滑，至少要求存在

12 个月数据）。

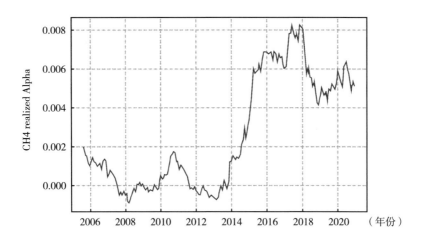

图 4 – 3　基金收益率预测指标的 Q5 – Q1 已实现超额收益

从图 4 – 3 可以看到，在 2013 年之前，Q5 – Q1 CH4 realized Alpha 呈现周期性变化，时正时负，而从 2013 年开始则出现了明显的趋势性上升，于 2016 年附近达到了每个月 60bp 左右，此后围绕该中枢浮动。总体来讲，图 4 – 3 的结论和表 4 – 6 一致，即本研究中筛选出的 20 个基金收益率预测指标的预测能力随着时间增强，截至 2020 年底仍有较强的预测能力。

第三节　公募基金收益率预测背后的经济学机制

前述的研究结论发现 20 个预测指标在中国市场上具有预测基金收益率的能力。与成熟市场不同，中国市场表现出独有的特征，比如散户贡献了绝大多数的交易量，同时融券卖空的规模较小，理性投资者的套利活动面临较大的约束。我们从市场投资机会、市场套利活动和基金行业竞争三个维度考察其对基金收益率可预测性的影响。

市场套利活动的增强能够纠正市场的错误定价。面对错误定价的机会，投资者之间的激烈竞争，也会降低单个投资者获取的超额收益。参考科迪亚等（2014）的研究，我们使用三个指标来度量市场套利活动的活跃程度：私募基金管理规模比例（相对于全市场股票的总市值）、股票市场市值加权的换手率、融券卖空比例（相对于全市场的总市值）。中国的私募基金市场发展经历了从野蛮生长到规范发展的阶段，在 2014 年之前私募基金行业管理规模的数据缺少权威的披露，中国证券投资基金协会官网仅公布了 2015 年至 2020 年 12 月每月的私募基金管理规模，因此私募基金管理规模比例的数据期间为 2015 年 1 月至 2020 年 12 月。在计算市值加权的换手率时，我们计算每一只股票的换手率，并使用上一个月股票的市值进行市值加权，数据区间和本研究的区间保持一致，为 2005 年 1 月至 2020 年 12 月。2010 年 3 月 31 日，A 股市场正式开启融资融券的试点，在之后的时间里我们可以得到每个月的融券卖空余额，因此融券余额占比的数据区间为 2010 年 4 月至 2020 年 12 月。

如果预测能力的来源是基金经理主动管理能力的持续性，那么影响基金经理主动管理能力的指标也会影响基金收益率的预测。市场上投资机会的多少直接决定了基金经理面对的外部环境。借鉴江和维尔拉尔迪（Jiang and Verardo，2018）的研究，我们使用三个指标来衡量市场机会。第一个是横截面股票收益率的偏离，计算公式为：

$$\text{CrossVol}_t = \sqrt{\sum_{i=1}^{N} w_{i,t-1} \left(R_{i,t} - R_{m,t} \right)^2} \tag{4-4}$$

其中，$R_{i,t}$ 是股票 i 在 t 月的收益率，$R_{m,t}$ 是股票市场组合在 t 月的收益率，$w_{i,t-1}$ 是股票 i 在 t 月初的于全市场的权重。股票收益率横截面偏离越大，表明市场上有一组股票显著地好于（或差于）市场组合。具备主动管理能力的基金可能表现更好；而不具备主动管理能力的基金则会表现更差，进而不同基金之间业绩的差别会显著增大。

第二个衡量市场投资机会的指标是每个股票在当月的异质性波动率，即股票的日度超额收益率回归在中国三因子模型上得到的残差标准差。第三个指标是市场情绪。在美国市场上，贝克和瓦格勒（Baker and Wurgler，2006）构造的市场情绪被广泛使用，但是在中国市场上缺少广泛使用的指标。我们使用中国证券投资者保护基金有限责任公司公布的投资者信心指数作为市场情绪的代表[①]，数据的区间为 2008 年 4 月至 2020 年12 月。

公募基金作为当前市场上最重要的机构投资者之一，其相对全市场的行业规模和行业内的竞争程度可能也会影响基金收益率预测能力。参考帕斯特尔等（Pastor et al.，2015）的研究，我们使用所有主动管理型基金管理规模除以 A 股市场所有股票的总市值作为基金竞争的代理变量。此外，我们还根据基金公司每个月公布的基金管理规模（包括股票型基金和混合型基金）计算了基金行业的赫芬达尔指数，进而衡量行业内部的竞争程度。计算公式为：

$$\text{HHI}_t = \sum_{i=1}^{N} \left(\text{Scale}_{it} / \text{Scale}_t \right)^2 \qquad (4-5)$$

其中，Scale_{it} 为基金公司 i 在 t 期的管理规模，主要包括股票型基金和混合型基金；Scale_t 是行业内所有基金公司的总管理规模。

前述讨论了不同的基金预测指标，我们参考琼斯和莫（2021）提出的两种方式加总不同预测指标的效果：（1）当基金处于五分组的最低一层得分为 -1，基金处于五分组的最高一层得分为 1，其他分组得分为 0；

[①] 为了解我国证券市场投资者在当前经济和市场环境下的投资心理与预期变化，2008 年 4 月，投保基金公司在借鉴国内外投资者信心理论研究和调查工作实践的基础上，自主编制中国证券市场投资者信心指数。该指数以月度为单位，从国内经济基本面、国内经济政策、国际经济和金融环境、股票估值指标、大盘乐观指标、大盘反弹指标、大盘抗跌指标、买入指标八个指标进行描述。我们此处使用的是投资者信心总指数。投保基金公司在 2018 年仅公布了 2018 年 3 月和 4 月的投资者信心指数。

（2）基金对应的某一特征分布在截面上，取值在 $-1 \sim 1$ 之间。我们把基金在不同预测指标上的得分相加，可以得到加总后的得分。平均得分的计算公式为：

$$AvgS_{it} = \frac{1}{N} \sum_{j=1}^{N} S_{ijt} \qquad (4-6)$$

其中，S_{ijt} 为基金 i 在 t 时刻预测特征 j 上的得分，N 为预测特征的数量，$AvgS_{it}$ 为基金 i 的平均得分。当基金按照五分组进行分组，我们记 AvgS 为 quintile ranking；当基金按照截面分布取值到 $[-1,1]$ 区间时，我们记 AvgS 为 percentile ranking。

对于每只基金 i 在时间 t，我们建立如下的回归方程：

$$\alpha_{it} = a + b\,AvgS_{it} + cZ_t\,AvgS_{it} + \varepsilon_{it} \qquad (4-7)$$

上述方程的被解释变量 α_{it} 为已实现的超额收益，本研究在当月使用过去 36 个月的月度收益率计算 CH4 模型中的 4 个风险因子载荷，然后使用这些风险因子载荷计算在当月的风险调整后收益，即为基金 i 在当月的已实现 Alpha。其中 Z_t 是时间 t（即 t 时刻的起点）的投资机会、套利活动和基金行业竞争的代理变量。当 c 的估计系数为负，则表明该活动可能减弱了基金预测指标平均得分和未来收益之间的预测关系。本研究在上述面板回归方程中控制了时间固定效应和基金个体固定效应。

表 4-7 中的 Panel A 为主要变量的描述性统计，Panel B 则分别汇报了基于百分比排序（percentile ranking）和十分位排序（quintile ranking）各变量对基金 Alpha 的影响。我们发现换手率的交互项估计系数为正，尽管其并不显著，但反映了换手率的增强可能会为基金提供更多获取超额收益的机会。这可能和中国市场的投资者结构有关。由于个人投资者贡献了绝大多数交易量，换手率信息可能并不能反映活跃的套利活动，而更多地反映了个人投资者的过度交易。对于两个套利活动的指标，私募基金的管理规模和融券卖空比例显著降低了基金的 Alpha，其估计系数具

表 4－7　市场投资机会、套利活动和基金竞争对基金 Alpha 的影响

Panel A: 描述性统计

Variables	mean	std	25%	50%	75%
Turnover	0.0094	0.0046	0.0064	0.0084	0.0115
HF AUM	0.0430	0.0083	0.0404	0.0446	0.0490
Short interest	0.0002	0.0003	0.0001	0.0001	0.0002
Ivol	0.0191	0.0040	0.0163	0.0176	0.0219
Cross_vol	0.1080	0.0394	0.0825	0.0957	0.1170
Sentiment	55.4000	7.2890	50.9000	55.3500	60.3500
HHI_index	0.0352	0.0048	0.0321	0.0345	0.0359
Industry size	0.0548	0.0270	0.0344	0.0511	0.0651
Quintile ranking	0.0041	0.2930	-0.2000	0.0000	0.2000
Percentile ranking	0.0058	0.2900	-0.2180	-0.0026	0.2250
CH4 realized Alpha	0.0066	0.0425	-0.0133	0.0051	0.0261

续表

Panel B: 市场套利活动，基金竞争和基金超额收益

	(1) Turnover	(2) HF AUM	(3) Short interest	(4) Ivol	(5) Cross_vol	(6) Sentiment	(7) Industry size	(8) HHI_index
Panel B-1: Percentile ranking								
Percentile_ranking	-0.0008	0.0370**	0.0052*	0.0029	-0.0023	0.0180	-0.0020	0.0093
	(-0.18)	(2.02)	(1.69)	(0.29)	(-0.33)	(0.67)	(-0.24)	(0.33)
Percent_ranking × proxy	0.3940	-0.8830**	-10.7200**	0.0051	0.0500	-0.0003	0.1180	-0.1900
	(0.81)	(-2.32)	(-2.11)	(0.01)	(0.70)	(-0.54)	(0.81)	(-0.22)
Const.	0.0068***	0.0081***	0.0074***	0.0068***	0.0068***	0.0084***	0.0068***	0.0068***
	(399.51)	(182.23)	(419.18)	(385.60)	(392.19)	(577.34)	(307.83)	(307.55)
N	89634	64334	84067	89634	89634	78108	89634	89634
adj. R²	0.23	0.20	0.22	0.23	0.23	0.23	0.23	0.23
Panel B-2: Quintile ranking								
Quintile_ranking	-0.0002	0.0312*	0.0046	0.0038	-0.0014	0.0180	-0.0035	0.0010
	(-0.04)	(1.83)	(1.62)	(0.39)	(-0.22)	(0.70)	(-0.45)	(0.04)
Quintile_ranking × proxy	0.2660	-0.7650**	-11.0000**	-0.0726	0.0359	-0.0003	0.1390	0.0444
	(0.59)	(-2.17)	(-2.12)	(-0.14)	(0.55)	(-0.59)	(1.02)	(0.06)
Const.	0.0068***	0.0081***	0.0074***	0.0068***	0.0068***	0.0084***	0.0068***	0.0068***
	(592.55)	(251.08)	(659.24)	(571.04)	(565.17)	(841.30)	(443.83)	(418.19)
N	89634	64334	84067	89634	89634	78108	89634	89634
adj. R²	0.23	0.20	0.22	0.23	0.23	0.23	0.23	0.23

注：Panel B-1 和 Panel B-2 分别汇报了市场套利活动，投资机会和基金竞争对基金 Alpha 的影响。我们在面板回归中控制了时间和基金个体固定效应。***、** 和 * 分别代表了在 1%、5% 和 10% 的显著性水平下显著；Panel C 同。我们将标准误聚类在时间层面上。括号内为 t 值。

有非常重要的经济学含义。对于一个平均得分为 0.2 的基金来说（大约在 75% 分位数），如果私募基金管理规模占 A 股市值的比例增加 10bp，基金的月度 Alpha 降低 7.60bp（年化 Alpha 降低 0.91%）；而对于融券卖空的比例来讲，其估计系数为 −11.00 ~ −10.72，融券卖空占 A 股市值的比例增加 1 个 bp，基金的月度 Alpha 降低 11bp（年化 Alpha 下降 1.32%）。

从列（4）至列（6）来看，衡量市场投资机会的三个代理变量的估计系数均不显著，仅有股票收益率横截面的偏离（cross_vol）的估计系数为正，这表明当市场上股票发生较大的分化时，基金的预测指标可能能够更好地预测下一期的超额收益。在最后两列，我们同时检查了行业规模和行业集中度对基金 Alpha 的影响，相关的结果并不显著。这说明在当前行业竞争并不是驱动基金 Alpha 变化的主要因素。未来随着相关套利活动的增强，基金 Alpha 的可预测性将会减弱，同时超额收益的水平也会下降。

第四节　公募基金收益率预测和投资者行为

除了关注基金的历史业绩之外，聪明的投资者可能会根据这些含有预测信息的指标选择基金。我们研究了基金预测指标综合得分对下一期基金资金流动的影响。我们对基金流的计算公式为：

$$\text{Flow}_{it} = \frac{\text{TNA}_{it} - \text{TNA}_{it-1}(1 + \text{Ret}_{it})}{\text{TNA}_{it-1}} \qquad (4-8)$$

其中，TNA_{it} 是基金 i 在时间 t 的管理规模，Ret_{it} 是基金 i 在 t−1 到 t 时刻的原始收益率。

基金预测指标综合指标对下一期基金资金流动的回归方程可以写为：

$$Flow_{it+1} = b_0 + b_1 \, AvgScore_{it} + b_2 \, Controls_{it} + \varepsilon_{it} \qquad (4-9)$$

如果投资者利用了本研究的基金收益率预测指标来选择基金，那么预测指标可以显著地正向预测下一期的基金流，即 b_1 的符号显著为正。参考楼（Lou，2012）的研究，本研究还选取了如下控制变量：基金过去1年的涨跌幅（return12m）和基金过去1年内每个季度的基金流（L1flow、L2flow、L3flow、L4flow）。为了避免异常值对结果的影响，我们对每个季度的基金流在2%和98%分位数上进行了截尾。

回归方程的设定以 Fama-Macbeth 回归作为基准结果。第一步我们在横截面上估计上述回归方程，获得各个系数的估计值；第二步我们将上述估计值在时间序列上进行平均，回归结果汇报的 t 值为 Newey-West 滞后4阶调整后的 t 值。作为稳健性检验，我们还使用了面板回归，并把标准误同时聚类在时间和基金层面上（two-way cluster），主要的结果和 Fama-Macbeth 回归的结果基本保持一致。

表4-8的 Panel B 中的列（1）和列（3）表明 b_1 为正；当加入控制变量之后，过去1年的涨跌幅显著影响了下一期的资金流入，但 b_1 变为了负数，且 b_1 在各种回归设定下均不显著。结果表明本研究所述的收益率预测指标并不能吸引投资者的下一期资金流入，投资者还是根据基金的历史业绩来选择基金。

表4-8　　收益率综合预测指标对下一期基金流的预测作用

Panel A：主要变量的描述性统计

Variables	mean	std	25%	50%	75%
flow	0.0026	0.5870	-0.1290	-0.0421	-0.0001
return12m	0.1610	0.3270	-0.0235	0.0857	0.2770
Percentile ranking	0.0080	0.2910	-0.2170	0.0015	0.2280
Quintile ranking	0.0061	0.2940	-0.2000	0.0000	0.2000

续表

Panel B：预测指标和基金资金流动

Variables	(1)	(2)	(3)	(4)
	flow	flow	flow	flow
Quintile ranking	0.0241 (0.81)	−0.0940 (−1.14)		
Percentile ranking			0.0447 (1.62)	−0.0590 (−0.97)
return12m		0.2650 *** (2.69)		0.2430 ** (2.50)
L1flow		0.1500 *** (4.10)		0.1500 *** (4.10)
L2flow		0.1390 (1.46)		0.1400 (1.47)
L3flow		−0.1180 (−1.16)		−0.1190 (−1.16)
L4flow		−0.1110 (−1.08)		−0.1090 (−1.09)
Const.	0.0241 (0.55)	−0.0983 (−1.11)	0.0246 (0.56)	−0.0773 (−0.92)
N	30325	28079	30325	28079
Adj-R^2	0.011	0.076	0.011	0.076

注：Panel A 汇报了主要变量的描述性统计；Panel B 使用了 Fama-Macbeth 回归，Newey-West t 统计量的滞后阶数为4。*** 、** 分别代表了在1%、5% 的显著性水平下显著。

尽管我们发现一系列变量可以预测基金的收益率，但它们并没有被投资者所重视。这些预测变量计算难度不同，投资者处理这些信息所付出的成本也有较大的差别。贝克、黄和奥迪恩（Barber，Huang and Odean，2016）发现在美国市场上的投资者在进行业绩归因时，仅关注了市场风险，却把规模、价值、动量和行业带来的收益归因于 Alpha；对于那些更老练的投资者来说，他们则会利用更复杂的基金归因模型来选择基金。因此我们接下来有两个问题需要回答：（1）不同的预测特征具有不同的计算和理解难度，如基金规模（Fund size）可以从基金财务报告中直接获得，而基金主动管理比例（Active share）则需要依靠基金的股票持仓进行简单计算，这些不同计算复杂度的指标如何影响下一期的flow？（2）基金市场上的参与者具有不同的信息处理能力，通常来说机构投资者有着更强的信息搜集和处理的优势，那么机构投资者和个体投资者在利用这些预测指标的时候是否表现出显著的不同？

接下来为了回答第一个问题，我们关注单个指标对下一期基金流的影响。表4-9汇报了该结果，包括加入/不加入控制变量下的结果。从表4-9的结果来看，几乎所有的单个预测指标都不能显著且稳健地影响投资者的资金流入，仅基金规模（Fund size）表现出一定的显著性和稳健性。可能是因为其他指标难以计算和理解，而基金规模则容易获得且含义直观。根据本研究结果，基金规模越大的基金，未来获取超额收益的能力越差。根据表4-9的结果，基金规模越小，吸引下一期资金流入的能力也越强。

表4-9　　　单个收益率预测指标对下一期基金流的预测作用

预测变量	无控制变量	包含控制变量		无控制变量	包含控制变量	
	Percentile ranking	Percentile ranking	return12m	Quintile ranking	Quintile ranking	return12m
Active peer bench-mark	0.0098 (0.51)	-0.0223 (-0.76)	0.2550 *** (3.70)	0.0021 (0.12)	-0.0301 (-1.00)	0.2530 *** (3.76)
Active share	-0.0082 (-0.37)	-0.0119 (-0.70)	0.2330 *** (3.95)	-0.0100 (-0.40)	-0.0152 (-0.78)	0.2400 *** (4.00)
Back-tested CAPM Alpha	0.0092 (0.34)	-0.0319 (-0.87)	0.2390 ** (2.44)	0.0145 (0.70)	-0.0062 (-0.22)	0.1960 * (1.82)
Back-tested CH4 Alpha	0.0057 (0.56)	-0.0296 (-1.29)	0.2270 *** (3.02)	0.0076 (0.70)	-0.0277 (-1.13)	0.2220 *** (2.95)
Bayesian Alpha	-0.0100 (-0.72)	0.0077 (0.42)	0.2550 *** (4.14)	-0.0307 ** (-2.09)	-0.0102 (-1.50)	0.2460 *** (4.13)

续表

预测变量	无控制变量	包含控制变量		无控制变量	包含控制变量	
	Percentile ranking	Percentile ranking	return12m	Quintile ranking	Quintile ranking	return12m
CAPM Alpha	0.0058 (0.18)	−0.0322 (−0.72)	0.2520 ** (2.61)	−0.0005 (−0.02)	−0.0384 (−0.84)	0.2540 ** (2.61)
CH4 Alpha	0.0040 (0.25)	−0.0327 (−1.16)	0.2700 *** (3.69)	0.0039 (0.24)	−0.0259 (−1.06)	0.2570 *** (3.67)
Flow-induced trading	0.0091 (0.52)	−0.0227 (−1.05)	0.2430 *** (3.87)	−0.0005 (−0.04)	−0.0300 (−1.30)	0.2520 *** (3.88)
Fund size	0.1230 ** (2.00)	0.1460 * (1.79)	0.2560 *** (3.26)	0.0817 ** (2.27)	0.0864 ** (1.99)	0.2440 *** (3.61)
Growth style	−0.0083 (−0.67)	−0.0170 (−1.41)	0.2380 *** (3.58)	−0.0045 (−0.34)	−0.0090 (−0.78)	0.2370 *** (3.68)
Holding-based CAPM Alpha	−0.0348 (−0.90)	−0.0740 (−1.22)	0.2890 *** (3.28)	−0.0168 (−0.79)	−0.0397 (−1.30)	0.2650 *** (3.50)
Holding-based CH4 Alpha	−0.0108 (−0.81)	−0.0479 (−1.32)	0.2790 *** (3.53)	−0.0192 (−1.00)	−0.0586 (−1.32)	0.2930 *** (3.37)
Holding-based momentum_6	0.0001 (0.01)	−0.0215 ** (−2.12)	0.2650 *** (3.67)	−0.0114 (−1.01)	−0.0270 ** (−2.23)	0.2650 *** (3.79)
Industry concentration	0.0169 ** (2.57)	0.0307 (1.23)	0.2340 *** (3.70)	0.0261 * (1.86)	0.0464 (1.30)	0.2380 *** (3.84)
Ivol-adj CH4 Alpha	0.0092 (0.59)	−0.0236 (−0.91)	0.2530 *** (3.77)	0.0048 (0.32)	−0.0274 (−1.01)	0.2530 *** (3.76)
Return gap average	0.0755 * (1.95)	0.0766 (1.29)	0.1450 (1.54)	0.0619 * (1.97)	0.0608 (1.31)	0.1650 * (1.97)
Return gap via CH4 Alpha	0.0244 ** (2.20)	0.0127 (1.08)	0.2300 *** (3.53)	0.0125 (1.22)	0.0062 (0.76)	0.2360 *** (3.58)
Success overlap via CAPM	−0.0126 (−0.58)	−0.0569 (−1.56)	0.3160 *** (3.66)	−0.0027 (−0.19)	−0.0364 (−1.60)	0.2860 *** (3.77)
Success overlap via CH4	−0.0277 (−1.34)	−0.0651 * (−1.77)	0.3110 *** (3.59)	−0.0229 (−1.57)	−0.0553 * (−1.75)	0.2960 *** (3.80)
Turnover	0.0155 (0.62)	0.0261 (1.30)	0.2490 *** (3.92)	0.0070 (0.44)	0.0064 (0.62)	0.2470 *** (3.84)

注：回归方法为 Fama-Macbeth 回归，滞后阶数为 4。 *** 、 ** 和 * 分别代表了在 1% 、 5% 和 10% 的显著性水平下显著。括号内为 Newey-West 调整后的 t 值。

为了检验机构投资者是否利用了更强的信息处理能力来选择基金，我们进一步将基金流区分为机构投资者和个人投资者的资金流动。基金在半年报和年报里会披露持有该基金的投资者结构，据此我们可以将总的基金流区分为来自机构投资者和个人投资者。

机构投资者基金流的计算公式为：

$$INS_Flow_{it} = \frac{INS_{TNA_{it}} - INS_{TNA_{it-1}}(1 + Ret_{it})}{TNA_{it-1}} \qquad (4-10)$$

个人投资者的基金流计算公式为：

$$IND_Flow_{it} = \frac{IND_{TNA_{it}} - IND_{TNA_{it-1}}(1 + Ret_{it})}{TNA_{it-1}} \qquad (4-11)$$

其中，INS_TNA_{it}和IND_TNA_{it}分别是基金 i 在时间 t 的持有人中机构投资者和个人投资者持有的规模。

我们参考前述对回归方程的设定，研究了基金收益率预测指标是否会影响机构投资者和个人投资者的基金资金流入，结果如表4-10所示，其中回归（1）~回归（4）的因变量为机构投资者的资金流入，回归（5）~回归（8）的因变量为个人投资者的资金流入。

表4-10的结果表明，基金收益率的综合预测指标不能显著影响机构投资者和散户投资者的下一期资金流入。对于机构投资者来说，收益率综合预测指标得分的估计系数为负，尽管并不显著，但这证实了机构投资者并没有根据这些指标来选择基金。一个可能的顾虑是，在这里机构投资者和个人投资者的资金流动都是未来 6 个月的资金流入，基金预测指标的得分是基于对未来 1 个月的收益率预测有效的特征计算出来的。然而根据前面单变量排序法的结果，我们发现多数指标对未来 3 个月和 6 个月的收益率都有着较好的预测能力。因此检查单个指标对机构投资者和个体投资者资金流入的影响，有助于厘清投资者是否基于这些具有预测能力的特征进行基金挑选。

表 4 - 10　　收益率预测指标对机构和个人投资者基金流的预测作用

Panel A: 描述性统计

Variables	mean	std	min	25%	50%	75%
Ins. flow	0.0677	0.932	-1.102	-0.0562	-0.0001	0.0157
Ind. flow	-0.0142	0.747	-1.044	-0.146	-0.0568	-0.0038

Panel B: Predictors and future fund flows of institutional/individual investors

Variables	(1) Ins. flow	(2) Ins. flow	(3) Ins. flow	(4) Ins. flow	(5) Ind. flow	(6) Ind. flow	(7) Ind. flow	(8) Ind. flow
Quintile ranking	-0.0227 (-0.87)	-0.0293 (-1.21)			-0.0478 (-0.34)	-0.2960 (-0.89)		-0.2240 (-0.81)
Percentile ranking			-0.0144 (-0.54)	-0.0218 (-0.88)			0.00513 (0.05)	
return12m		0.1530 (1.59)		0.1470 (1.57)		0.3940 (1.56)		0.3460 (1.53)
L1ins_flow		-0.0546 (-1.41)		-0.0555 (-1.41)		0.2370*** (4.45)		0.2330*** (4.52)
L2ins_flow		-0.0237 (-0.47)		-0.0261 (-0.51)		0.1100 (1.58)		0.1220 (1.61)
Const.	-0.0001 (-0.00)	0.0295 (0.89)	-0.0004 (-0.01)	0.0311 (0.96)	0.0919 (0.71)	-0.1690 (-1.21)	0.0924 (0.71)	-0.1300 (-1.10)
N	14093	13144	14093	13144	14093	13144	14093	13144
Adj-R²	0.008	0.043	0.008	0.044	0.023	0.097	0.024	0.096

注：Panel B 使用了 Fama-Macbeth 回归，滞后阶数为4。*** 代表了在1%的显著性水平下显著。括号内为 Newey-West 调整后的 t 值。

从表 4 – 11 来看，一个与直觉不符的结果是机构投资者也没有利用本研究的预测指标进行选择基金。原因可能在于，在中国市场，以 FoF 和基金投顾为代表的基金机构投资者发展才刚刚起步，投研体系尚在建设中，本研究构造的来自海外顶尖学术期刊的收益率预测指标尚未引起他们的注意和重视。过去 1 年涨跌幅（return12m）仅在少数情况下有显著且稳健的效果，说明相较个人投资者而言，机构投资者并没有那么重视基金历史业绩（和表 4 – 12 比较）。此外，基金规模（fund size）影响了机构投资者的资金流入，这背后可能有两方面的因素驱动：一方面，规模较小的基金可能更容易在未来产生更多的超额收益，机构投资者基于获取超额收益的动机可能会选择配置更多的资金到规模较小的基金中；另一方面，机构投资者可能出于其他非经济动机，如帮助基金管理人维持一定的规模，从而避免清盘。总的来说，除了规模因素之外，机构投资者并没有利用这些指标来选择基金。

表 4 – 11　　单个收益率预测指标对机构投资者下一期基金流的预测作用

预测变量	无控制变量	包含控制变量		无控制变量	包含控制变量	
	percent	percent	return12m	quintile	quintile	return12m
Active peer bench-mark	0.0042 (0.53)	0.0044 (0.45)	0.1420 * (1.87)	0.0022 (0.33)	0.0073 (0.67)	0.1390 * (1.88)
Active share	0.0084 (0.46)	0.0032 (0.27)	0.1210 (1.52)	0.0065 (0.44)	− 0.0016 (− 0.23)	0.1200 (1.50)
Back-tested CAPM Alpha	− 0.0042 (− 0.41)	− 0.0147 (− 1.29)	0.2090 ** (2.12)	0.0041 (0.41)	− 0.0020 (− 0.15)	0.1800 (1.71)
Back-tested CH4 Alpha	− 0.0213 (− 1.10)	− 0.0230 * (− 1.74)	0.1703 * (1.94)	− 0.0146 (− 0.88)	− 0.0162 (− 1.43)	0.1620 * (1.76)
Bayesian Alpha	− 0.0547 * (− 1.67)	− 0.0227 ** (− 1.99)	0.122 (1.57)	− 0.0486 * (− 1.70)	− 0.0154 * (− 1.95)	0.1190 (1.53)
CAPM Alpha	0.00103 (0.10)	− 0.00452 (− 0.36)	0.162 ** (2.14)	0.00455 (0.61)	0.00462 (0.34)	0.141 * (1.70)

续表

预测变量	无控制变量	包含控制变量		无控制变量	包含控制变量	
	percent	percent	return12m	quintile	quintile	return12m
CH4 Alpha	−0.0213 (−0.90)	−0.0153 (−1.20)	0.146 ** (2.07)	−0.0115 (−0.61)	−0.00573 (−0.70)	0.138 (1.91)
Flow-induced trading	0.0105 (0.78)	0.00243 (0.23)	0.1060 (1.23)	0.0042 (0.44)	−0.0059 (−0.58)	0.1050 (1.20)
Fund size	0.101 ** (2.26)	0.105 *** (2.69)	0.0778 (0.80)	0.0759 ** (2.29)	0.0756 *** (3.06)	0.0934 (1.07)
Growth style	−0.0461 (−1.36)	−0.0295 (−1.02)	0.1020 (1.11)	−0.0367 (−1.33)	−0.0195 (−0.95)	0.1080 (1.22)
Holding-based CAPM Alpha	−0.0149 (−0.90)	−0.00791 (−0.96)	0.1250 (1.59)	−0.0212 (−1.24)	−0.0171 (−1.41)	0.1250 (1.56)
Holding-based CH4 Alpha	−0.0335 (−1.17)	−0.0298 (−1.42)	0.1260 (1.64)	−0.0295 (−1.13)	−0.0284 (−1.25)	0.1240 (1.59)
Holding-based momentum_6	−0.0100 (−0.39)	−0.0131 (−0.54)	0.1290 * (1.71)	−0.0123 (−0.54)	−0.0145 (−0.68)	0.1300 * (1.77)
Industry concentration	0.0079 (0.51)	−0.0004 (−0.05)	0.1250 (1.62)	0.0015 (0.13)	−0.0016 (−0.23)	0.1220 (1.56)
Ivol-adj CH4 Alpha	−0.0147 (−0.77)	−0.0121 (−1.23)	0.156 ** (2.13)	−0.0133 (−0.82)	−0.0102 (−1.37)	0.1480 * (1.95)
Return gap average	0.0223 (1.64)	0.0123 (0.91)	0.1180 (1.51)	0.0157 ** (2.20)	0.0121 (1.21)	0.1170 (1.47)
Return gap via CH4 Alpha	0.0019 (0.20)	0.0080 (1.26)	0.1190 (1.60)	0.0026 (0.50)	0.0084 (1.31)	0.1220 (1.62)
Success overlap via CAPM	−0.0559 (−1.39)	−0.0278 (−1.55)	0.1360 * (1.71)	−0.0551 (−1.41)	−0.0252 (−1.62)	0.1340 * (1.66)
Success overlap via CH4 Alpha	−0.0621 (−1.31)	−0.0403 (−1.54)	0.1180 (1.37)	−0.0591 (−1.48)	−0.0378 ** (−2.04)	0.1230 (1.50)
Turnover	−0.0177 (−0.81)	0.0064 (0.34)	0.1340 (1.60)	−0.0211 (−0.96)	−0.0049 (−0.23)	0.1280 (1.55)

注：本表汇报了单个指标对下一期机构投资者基金流的影响，同时包含了加入/不加入控制变量的情形。回归方法为 Fama-Macbeth 回归，括号内为 Newey-West 调整后的 t 值；滞后阶数为 4。 ***、** 和 * 分别代表了在 1%、5% 和 10% 的显著性水平下显著。

表 4 – 12 汇报了单个预测指标对个人投资者下一期基金流的预测能力，回归结果表明：所有指标都不能显著且稳健地预测个人投资者下一期的资金流入，表明个人投资者并没有依靠这些变量进行基金投资决策。然而过去 1 年涨跌幅（return12m）的回归系数在多数情况下显著且稳健，由此看来，个人投资者主要还是根据基金历史业绩来选择基金。

表 4 – 12　　　　单个收益率预测指标对个人投资者下一期基金流的预测作用

variables	无控制变量	包含控制变量		无控制变量	包含控制变量	
	percent	percent	return12m	quintile	quintile	return12m
Active peer benchmark	0.0058 (0.14)	− 0.0452 (− 0.68)	0.2280 ** (2.40)	− 0.0024 (− 0.06)	− 0.0511 (− 0.83)	0.2300 * (2.44)
Active share	0.0040 (0.22)	− 0.0305 (− 0.85)	0.2080 *** (3.66)	− 0.0067 (− 0.25)	− 0.0224 (− 0.74)	0.2160 *** (3.48)
Back-tested CAPM Alpha	− 0.0326 (− 0.39)	− 0.1570 (− 0.89)	0.3990 (1.57)	0.0034 (0.07)	− 0.0681 (− 0.78)	0.2570 * (1.90)
Back-tested CH4 Alpha	− 0.0232 (− 0.38)	− 0.0976 (− 0.83)	0.3300 * (1.72)	− 0.0374 (− 0.54)	− 0.1040 (− 0.88)	0.3370 * (1.83)
Bayesian Alpha	0.0724 (1.04)	0.0703 (1.08)	0.2820 ** (2.59)	0.0230 (0.78)	0.00662 (0.51)	0.225 *** (3.05)
CAPM Alpha	− 0.0185 (− 0.24)	− 0.1470 (− 0.86)	0.3710 (1.53)	− 0.0147 (− 0.24)	− 0.1030 (− 0.87)	0.3040 * (1.79)
CH4 Alpha	− 0.0079 (− 0.14)	− 0.0818 (− 0.75)	0.3100 * (1.70)	− 0.0315 (− 0.44)	− 0.1090 (− 0.85)	0.3530 (1.74)
Flow-induced trading	0.0069 (0.21)	− 0.0280 (− 0.77)	0.2280 *** (2.77)	− 0.0196 (− 0.57)	− 0.0740 (− 1.05)	0.2840 * (2.57)
Fund size	0.2640 (1.41)	0.2970 (1.30)	0.306 ** (2.10)	0.1740 (1.51)	0.1840 (1.33)	0.2620 * (2.54)
Growth style	0.0370 (1.32)	0.0467 (1.15)	0.233 *** (3.14)	0.0299 (1.43)	0.0419 (1.20)	0.239 *** (3.10)
Holding-based CAPM Alpha	− 0.0765 (− 0.81)	− 0.1350 (− 0.99)	0.3280 * (1.96)	− 0.0618 (− 0.84)	− 0.1050 (− 1.01)	0.2870 ** (2.13)
Holding-based CH4 Alpha	− 0.0460 (− 0.67)	− 0.0963 (− 0.93)	0.312 ** (2.10)	− 0.0728 (− 0.85)	− 0.1310 (− 1.00)	0.3620 * (1.91)

续表

variables	无控制变量	包含控制变量		无控制变量	包含控制变量	
	percent	percent	return12m	quintile	quintile	return12m
Holding-based momentum_6	0.0098 (1.43)	0.0098 (0.51)	0.1360 (1.44)	0.0004 (0.04)	−0.0084 (−0.65)	0.1740 ** (2.13)
Industry concentration	0.0140 (0.72)	0.0111 (1.25)	0.2170 *** (3.27)	0.0361 * (1.79)	0.0356 (1.48)	0.223 *** (3.24)
Ivol-adj CH4 Alpha	−0.0164 (−0.26)	−0.0743 (−0.76)	0.2770 ** (2.07)	−0.0358 (−0.50)	−0.0834 (−0.85)	0.2680 ** (2.28)
Return gap average	0.0811 ** (2.38)	0.0664 (1.47)	0.1300 (1.55)	0.0535 *** (2.63)	0.0346 (1.39)	0.1670 ** (2.12)
Return gap via CH4 Alpha	0.0852 * (1.69)	0.0654 (1.33)	0.1550 ** (2.14)	0.0697 * (1.70)	0.0574 (1.35)	0.1610 ** (2.25)
Success overlap via CAPM	−0.0425 (−0.68)	−0.1640 (−1.03)	0.4820 * (1.73)	−0.0077 (−0.30)	−0.1040 (−1.01)	0.3780 ** (1.99)
Success overlap via CH4 Alpha	−0.0359 (−0.72)	−0.1420 (−1.05)	0.4550 * (1.82)	−0.0217 (−0.72)	−0.1010 (−1.10)	0.3680 ** (2.16)
Turnover	0.0446 (1.10)	0.0612 (1.22)	0.2320 *** (3.74)	0.0273 (1.29)	0.0306 (1.51)	0.2300 *** (3.76)

注：本表汇报了单个特征作为预测变量对 flow 的影响，我们同时汇报了不含控制变量和包含控制变量下基金预测指标排名的估计系数。回归方法为 Fama-Macbeth 回归，括号内为 Newey-West 调整后的 t 值；滞后阶数为 4。*** 、** 和 * 分别代表了在 1%、5% 和 10% 的显著性水平下显著。

第五节　研究讨论

本研究全面地构造了来自 23 篇顶尖金融学/经济学学术文献中的 36 个基金收益率预测指标，并以统一的框架系统地研究了这些指标在中国市场上的预测能力，结果表明大约一半的预测指标在至少 5% 的水平下能显著预测基金的未来超额收益。这些指标的预测能力在时间上呈现出增强的趋势，单变量排序法（截面回归法）的结果表明 2013 ~ 2020 年是

2005～2012 年的 3 倍左右，这个现象和美国市场截然相反。本研究进一步考察了影响上述指标预测能力的因素，发现仅有市场套利活动能显著抑制预测指标的预测能力，未来随着融资融券余额的增长和私募基金规模的壮大，这些指标的预测能力有可能出现减弱。

此外，从基金流的角度来看，机构投资者和个人投资者均未意识到本研究预测指标的预测能力，相反，投资者（尤其是散户投资者）主要还是在依据"过去 1 年涨跌幅"来选择基金，原因可能在于一方面中国的专业基金投资者尚处于起步阶段，另一方面基金公司的营销能力和互联网销售平台的兴起使得"过去 1 年涨跌幅"深入人心，洪等（Hong et al.，2020）认为这会激励基金经理提高风险承担水平，追求更高的过去 1 年涨跌幅，从而吸引资金流入。然而本研究的实证结果表明"过去 1 年涨跌幅"并不能有效预测基金未来的超额收益，因此资金出现了一定程度的资源错配。

本研究的政策意义如下。首先，应加大对投资者教育的力度，纠正公众主要看重"过去 1 年涨跌幅"来选基金的思维惯性，同时基金公司和互联网销售平台也应承担起投资者教育的责任，基于更多客观的分析来为客户推荐基金产品。其次，继续推动专业基金投资者的发展。FoF 自 2017 年 9 月首批产品获批已历经三年风雨洗礼，截至 2020 年 12 月总规模还不足 1000 亿元，基金投顾自 2019 年 10 月试点以来，市场上的知名度还不大，推动专业基金投资者的发展有助于实现社会资金的合理配置和居民财富的增值保值。最后，可以鼓励基金评级机构和评奖机构在给予基金评级时参考本研究所发现的具备预测能力的指标，从而帮助投资者更好地筛选基金。

第五章
Chapter 5

可转债市场研究

 可转债市场介绍

一、可转债市场

可转换债券是投资组合多样化中一个重要的另类资产类别，它可以同时为投资者提供股票和固定收益市场的风险暴露。了解可转换债券的风险和收益对于投资组合管理及投资决策非常重要。先前的研究倾向于使用期权定价模型或信用风险模型来分析可转换债券。根据莫顿（1973）的研究，我们可以推导出一个具有适当边界条件的偏微分方程来确定可转换债券的理论价值。

$$\frac{\partial f}{\partial t} + rS \frac{\partial f}{\partial S} + \frac{1}{2}\sigma^2 S^2 \frac{\partial^2 f}{\partial S^2} = rf \qquad (5-1)$$

其中，f 是可转换债券的价格，S 和 σ 分别是股票价格和波动率。然而，

除了使用传统的衍生品定价方法（即"火箭科学"）之外，我们还可以利用因子模型来解释可转换债券的风险与收益权衡。由于美国可转债市场高度分散，缺乏高质量的数据，因此基于实证视角的可转债定价遇到了挑战。因此，本研究重点关注快速发展且流动性强的中国可转债市场，并使用因子模型来刻画可转债横截面上风险与收益的权衡。

截至 2022 年 12 月，中国市场上活跃的可转债超过 470 只，总规模超过 9000 亿元人民币。下面，我们详细地对中国可转债市场的三个关键组成部分进行简要介绍。

在可转债的定义上，和其他市场交易的可转债一样，中国的可转债是一种结合了债券和股票特征的混合金融工具，允许持有人将债券转换成发行公司一定数量的股票。在可转债的合同中，通常会约定三个价格：转股价、回售价和强赎价。

（1）转股价是持有的可转债按照面值转换为股票的价格。假设转股价是 5 元，那么意味着一张可转债（面值 100 元）可以转换 20 股股票。转股操作一般是在可转债上市半年之后才可以进行。一般转股价还设计了下修条款，如当某一段时间股票的价格小于转股价的 80%，公司有权向下修改转股价。下修转股价一方面避免了上市公司到期偿还债券；另一方面也提高了投资者的转股价值，实现了投资者和公司利益的一致。

（2）回售价，回售的意思是投资者将可转债以债券的估值出售给公司，一般在两种情况下触发了回售：①公司变更了募集资金的用途；②连续 30 天公司的股价低于转股价的 70%（70% 的比例比较常见）。

（3）强赎价，强赎的意思是公司强制赎回发行的可转债，一般两种情况触发强赎：①到期赎回；②连续 30 个交易日内至少有 15 个交易日的正股价格不低于转股价格的 130%。强赎是可转债的终极结局，一般以第二种情况为主。设置强赎的目的是强迫投资者转股。

在交易制度上,可转债采用和股票市场类似的连续竞价制度。可转债面临宽松的交易限制,包括允许"T + 0"交易,即可在同一天买入和卖出。此外,可转债的每日价格波动限制为20%,这使得可转债的波动性高于其他一些金融工具。由于可转债难以做空,因为可转债市场存在较强的套利限制。中国的可转债条款高度标准化,这使得市场更加透明和统一。可转债的定价主要受二级市场活跃交易而非场外交易的影响,这反映了市场内部的广泛共识,使投资者对产品有更清晰的了解。

从市场参与者结构上来看,根据上海证券交易所公布的数据,截至2022 年12 月,从持股比例来看,87.53% 为传统机构投资者,包括共同基金、养老基金和保险公司。这些机构投资者通常采取买入并持有的策略。个人投资者占8.57%,私募基金占3.90%。从交易量来看,个人投资者占54.79%,对冲基金占23.80%,其他机构投资者占21.43%。由此可见,可转债市场也是以散户交易者为主,这就需要我们考虑一系列与价格和交易量相关的预测指标。

图5 - 1 绘制了中国可转债市场从2017 年1 月至2022 年12 月的每月可转换债券数量和交易金额。从图5 - 1 中可以看到,可转债数量逐年增加,而由于可转债交易的新限制,交易金额的上升趋势在2022 年开始出现下滑。

二、关于可转债市场的学术研究

在针对可转债市场风险和收益权衡的研究上,本研究呼应了一系列重要的学术文献。首先,以往的研究主要使用期权定价技术来解释可转换债券的定价(Tsiveriotis and Fernandes, 1998)。本研究是首批使用因子模型来解释可转换债券收益的研究之一,为相关文献提供了新的见解。

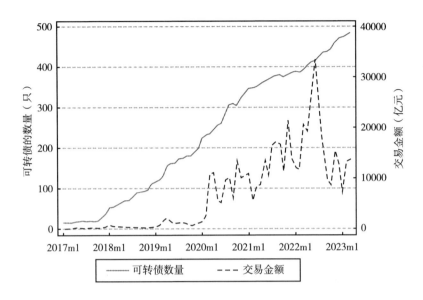

图 5-1　可转换债券的每月数量和交易金额

其次，因子模型的主要目的是捕捉同一资产类别下不同标的价格的共同波动。由于股票的因子模型（Fama and French，1992）已经被广泛讨论，其他资产类别如债券（Bai et al.，2019）、期权收益率（Büchner and Kelly，2022）、加密货币（Liu et al.，2022）也可以被纳入类似的因子结构中。我们将因子模型文献扩展到了主流文献尚未覆盖的资产类别。最后，本研究拓展了工具变量主成分（IPCA）在解释更广泛的资产（尤其是金融衍生品）横截面收益方面的应用。以往的文献研究了股票（Kelly et al.，2019）、债券（Kelly et al.，2023）、期权（Buchner and Kelly，2022）以及一系列其他资产的应用；而金融衍生品通常表现出更明显的波动特征，因此更适合用 IPCA 建模。

此外，我们还考虑了基于机器学习去预测可转债的收益率。传统的可转债定价方法依赖于一系列假设，难以考虑其他重要的特征，如可转债最近的收益率。而机器学习可以有效地融合各类信息，将金融知识和机器学习算法进行结合，从而更好地预测可转债的期望收益。相关的研究被应用到美国市场股票（Gu，Kelly and Xiu，2020）、中国市场股票（Leippold，Wang and Zhou，2022）、公司债（Bali et al.，2022）等。在机器学习预测可转债收益率的文献中，谭晓宇等（2022）基于对抗神经网络（GAN）对可转债进行估值。然而，上述方法并未充分地利用一系列横截面特征，从而可能限制了模型在样本外的表现。

第二节　可转债市场因子模型

我们的数据主要来自 Wind，数据区间为 2017～2022 年。从经济学角度看，可转债的收益应该被股票和公司债券风险溢价所驱动。鉴于可转债具有一定的期权条款，可转债的属性也会影响可转债的收益。经过严格筛选，我们每周构建了 56 个潜在预测特征。具体来说，债券市值是指投资组合形成周最后一天的市值。对于过去的债券和股票收益，我们计算了过去 1 周、2 周、3 周、4 周、8 周和 16 周的收益。过去 1～4 周的债券（或股票）回报率与过去 1～4 周的回报率相对应。Vol 是投资组合形成周的日均交易量（取对数）。Volscaled 是指投资组合形成周的日均成交量乘以价格，再按市值缩放的对数。Beta 是市场 beta 系数，是使用投资组合形成周之前 365 天的日收益率估算的。Ivol 是特异性波动率，即 CAPM 估计后的残差标准差。Retvol 是投资组合形成周的日收益率标准差。Maxret 是投资组合形成周的最大日收益率。Delay 是指在模型中加入滞后一天和两天的市场指数超额收益时，与只使用当前市场超额收益相比 R^2 的提高。Damihud 是投资组合形成周的平均每日绝对收益除以价格成交量。Stock_premium 的计算方法是价格减去转换价值，再除以价格。Bond_component 是纯债券价值/价格。IV 是债券隐含波动率。Composite_score 是价格加上股票转换溢价（乘以 100）。VRP 是 IV 与实现波动率之差。Abnormal turnover 是过去 20 天的成交额除以过去 252 天的成交额。Bond age 以年为单位。Spread 是债券的信用利差。Rating ranges 为 1 ～ 14，其中 1 代表 AAA、14 代表 CCC。Book-to-price 是发行公司的股东权益和优先股除以股票市值的总和。Debt-to-EBITDA 使用的是债务总额与息税前利润的比率。mom. 6w equity 是可转债在 t － 6 ～ t － 2 之间的收益率；mom. 6w industry 是行业调整后的债券回报动量；mom. 6w × ratings 是债券收益动量乘以数字评级；账面杠杆是股东权益、长期/短期债务和少数股东权益减去现金与存货，再除以股东权益减去优先股。市场杠杆为市值、债务、少数股东权益和优先股减去现金与存货除以市值。营业额波动率是销售额除以资产的季度标准差。经营杠杆是销售额减去息税折旧摊销前利润，再除以息税折旧摊销前利润。非金融企业的盈利能力是销售额减去销售成本，再除以资产；金融企业的盈利能力是销售额减去总支出加折旧，再除以股东权益减去优先股。Distance-to-default 由舒姆韦（Shumway，2001）定义。Bond skewness 是指过去一年的债券收益偏度。Spread-to-D2D 是信用利差除以 1 再减去违约距离的 CDF。Bond volatility 是指过去一年的债券收益波动率。Value-at-risk 是债券收益的 5% 风险价值率，定义为过去一年中月度收益观察值的第二低值。VIX beta 是过去一年债券收益对 MKTRF、HML、SMB、DEF、TERM、VIX 及滞后 VIX 的回归中当前和滞后 VIX 的系数之和。

我们首先报告每个特征的单变量排序结果。每周，我们都会根据前一周的特征将可转换债券范围分为五组。因此，我们形成了五个等权重的投资组合，即 Q1 ～ Q5。我们还研究了多空投资组合的表现，即多头 Q5 和空头 Q1。表 5 - 2 报告了平均每周原始回报及其相应的 Newey-West t 统计数据。

表 5-1　可转换债券预测特征

特征	来源	特征	来源
债券市值	Banz (1981)	Debt-to-EBITDA	bond attributes
过往债券回报率	Jegadeesh and Titman (1993)	过去股票回报率	Jegadeesh and Titman (1993)
价格	Miller and Scholes (1982)	过去 1~4 周股票回报率	Jegadeesh and Titman (1993)
过去 1~4 周债券回报率	Jegadeesh and Titman (1993)	收益价格比	Correia et al. (2012)
Vol	Chordia et al. (2001)	股票市值	Choi and Kim (2018)
Volscaled	Chordia et al. (2001)	股票波动率	Campbell and Taksler (2003)
Beta	Fama and Macbeth (1973)	公司债务总额	bond attributes
Ivol	Ang et al. (2006)	Mom. 6w	Gebhardt et al. (2005)
Retvol	Ang et al. (2006)	Mom. 6w industry	Jorion and Zhang (2009)
Maxret	Bali et al. (2011)	Mom. 6w x ratings	Avramov et al. (2007)
Delay	Hou and Moskowitz (2005)	账面杠杆	Asness et al. (2019)
Damihud	Amihud (2002)	市场杠杆	Asness et al. (2019)
周周转率	bond attributes	周转率波动	Correia et al. (2018)
股票溢价	bond attributes	利差	Israel et al. (2018)
债券成分	bond attributes	经营杠杆	Gamba and Saretto (2013)
IV	bond attributes	盈利能力	Choi and Kim (2018)
YTM	bond attributes	评级	bond attributes
Composite_score	bond attributes	违约距离	Israel et al. (2018)
VRP	Bollerslev et al. (2009)	债券偏度	Bai et al. (2019)
异常周转率	Liu et al. (2019)	Spread-to-D2D	Correia et al. (2012)
债龄	Israel et al. (2018)	债券波动性	Bai et al. (2019)
票面利率	Chung et al. (2019)	风险价值	Bai et al. (2019)
账面价格比	Bartram et al. (2020)	VIX bsta	Chung et al. (2019)

从表 5 - 2 中，可以看到，具有 12 个（累计 56 个特征）特征的单变量排序投资组合具有显著的原始收益率（t > 1.96），周超额回报范围为 0.21% ~ 0.41%。对于显著的 CAPM Alpha，只有 10 个特征能够满足 t > 1.96。

表 5 - 2　　　　　　可转换债券单变量排序结果

投资组合	平均回报	t 值	CAPM Alpha	t 值	平均回报	t 值	CAPM Alpha	t 值
	size				price			
1	0.31 **	2.09	0.22 *	1.90	0.16 *	1.83	0.10 *	1.71
2	0.10	0.83	0.01	0.09	0.15	1.62	0.08	1.40
3	0.12	1.15	0.03	0.58	0.16	1.58	0.07	1.51
4	0.20 *	1.79	0.10 **	2.08	0.20 *	1.66	0.10 *	1.77
5	0.06	0.61	- 0.04	- 1.62	0.10	0.61	- 0.03	- 0.29
5 - 1	- 0.25 **	- 2.05	- 0.26 **	- 2.12	- 0.06	- 0.39	- 0.14	- 0.99
	week_ret				week_ret2			
1	0.26 **	2.05	0.15 **	2.03	0.20 *	1.69	0.10	1.42
2	0.15	1.61	0.06	1.39	0.13	1.36	0.04	0.93
3	0.18 *	1.83	0.10 *	1.85	0.14	1.44	0.06	1.14
4	0.10	0.97	0.02	0.30	0.16	1.50	0.07	1.45
5	0.09	0.63	- 0.02	- 0.25	0.14	0.97	0.03	0.32
5 - 1	- 0.18 *	- 1.83	- 0.17 *	- 1.82	- 0.06	- 0.60	- 0.07	- 0.71
	week_ret3				week_ret4			
1	0.18	1.53	0.09	1.18	0.13	1.10	0.03	0.44
2	0.13	1.38	0.05	1.01	0.14	1.49	0.06	1.32
3	0.22 **	2.06	0.13 **	2.56	0.20 **	2.02	0.11 **	2.05
4	0.08	0.85	0.00	- 0.07	0.14	1.31	0.05	1.02
5	0.18	1.20	0.06	0.71	0.18	1.28	0.07	0.79
5 - 1	- 0.01	- 0.07	- 0.03	- 0.26	0.06	0.55	0.04	0.40
	week_ret8				week_ret16			
1	0.23 **	1.98	0.14 *	1.92	0.15	1.40	0.06	0.97
2	0.07	0.80	- 0.01	- 0.12	0.19 *	1.97	0.09 *	1.83
3	0.23 **	2.02	0.11 **	2.01	0.19	1.32	0.15 *	1.87

续表

投资组合	平均回报	t值	CAPM Alpha	t值	平均回报	t值	CAPM Alpha	t值
	week_ret8				week_ret16			
4	0.10	1.02	0.02	0.34	0.12	1.18	0.02	0.42
5	0.17	1.14	0.05	0.58	0.08	0.52	-0.04	-0.40
5-1	-0.06	-0.56	-0.09	-0.82	-0.07	-0.64	-0.10	-0.96
	week_ret4_1				vol			
1	0.12	1.02	0.02	0.33	0.08	0.82	0.01	0.10
2	0.10	1.02	0.02	0.35	0.15	1.52	0.07	1.24
3	0.19*	1.81	0.10*	1.86	0.16	1.59	0.07	1.43
4	0.17	1.57	0.08	1.34	0.23*	1.96	0.13**	2.30
5	0.23	1.60	0.11	1.30	0.17	1.14	0.05	0.51
5-1	0.12	1.19	0.09	0.96	0.09	0.77	0.04	0.36
	volscaled				beta			
1	-0.01	-0.17	-0.08**	-2.09	0.11	1.37	0.05	0.95
2	0.10	1.06	0.02	0.40	0.20*	1.72	0.08*	1.78
3	0.17*	1.65	0.08	1.54	0.24	0.58	0.15	0.58
4	0.22*	1.83	0.11**	2.16	0.13	1.05	0.02	0.33
5	0.31*	1.83	0.19	1.60	0.19	1.33	0.08	0.87
5-1	0.32**	2.42	0.27**	2.21	0.08	0.79	0.03	0.34
	ivol				retvol			
1	0.10	1.35	0.03	0.88	0.08	1.11	0.02	0.56
2	0.18	1.58	0.07	1.52	0.12	1.32	0.05	1.03
3	0.34	0.87	0.25	1.09	0.16	1.57	0.08	1.60
4	0.21*	1.71	0.10	1.50	0.18	1.43	0.08	1.39
5	0.16	1.04	0.05	0.48	0.22	1.30	0.10	0.96
5-1	0.05	0.48	0.02	0.16	0.14	1.09	0.08	0.71
	max_ret				delay			
1	0.11	1.38	0.04	0.89	0.14	1.24	0.04	0.84
2	0.16*	1.73	0.09*	1.73	0.19	1.51	0.07	1.23
3	0.15	1.52	0.06	1.37	0.23	0.55	0.13	0.58
4	0.21	1.62	0.10	1.64	0.26**	2.52	0.16***	2.86
5	0.14	0.87	0.01	0.14	0.11	1.11	0.03	0.53
5-1	0.03	0.24	-0.02	-0.23	-0.03	-0.41	-0.01	-0.11

续表

投资组合	平均回报	t 值	CAPM Alpha	t 值	平均回报	t 值	CAPM Alpha	t 值
	damihud				week_turnover			
1	0.18	1.35	0.07	0.95	−0.01	−0.18	−0.08 **	−2.02
2	0.09	0.83	0.00	−0.05	0.10	1.07	0.02	0.43
3	0.20 *	1.90	0.11 **	1.97	0.19 *	1.75	0.09 *	1.84
4	0.20 *	1.90	0.11 **	2.00	0.21 *	1.81	0.11 **	2.07
5	0.10	0.94	0.02	0.24	0.30 *	1.80	0.18	1.55
5 − 1	−0.08	−0.79	−0.05	−0.53	0.32 **	2.38	0.26 **	2.17
	stock_premium				bond_component			
1	0.42 ***	2.60	0.29 ***	3.34	0.15	0.85	0.01	0.09
2	0.20 *	1.73	0.10	1.60	0.26 **	2.18	0.16 ***	2.75
3	0.09	0.91	0.00	−0.02	0.15	1.46	0.06	1.29
4	0.05	0.51	−0.03	−0.60	0.10	1.16	0.03	0.61
5	0.01	0.11	−0.05	−0.71	0.12	1.51	0.06	1.21
5 − 1	−0.41 ***	−3.02	−0.34 ***	−2.98	−0.03	−0.20	0.05	0.38
	IV				ytm			
1	0.27 **	2.12	0.17 **	2.20	0.10	0.68	−0.03	−0.25
2	0.23 **	2.28	0.13 ***	3.03	0.19	1.53	0.08	1.52
3	0.18	1.64	0.08	1.57	0.21 **	1.98	0.12 **	2.38
4	0.12	1.11	0.03	0.52	0.13	1.32	0.06	0.96
5	−0.02	−0.20	−0.10	−1.55	0.15 *	1.68	0.09	1.42
5 − 1	−0.29 ***	−3.38	−0.27 ***	−3.20	0.04	0.30	0.11	0.91
	composite_score				VRP			
1	0.38 ***	3.12	0.29 ***	4.16	0.31 **	2.13	0.19 **	2.30
2	0.23 **	2.08	0.14 **	2.35	0.21 *	1.80	0.11 *	1.84
3	0.18 *	1.76	0.09	1.59	0.18 *	1.70	0.09	1.65
4	−0.01	−0.05	−0.10 **	−2.19	0.09	0.93	0.01	0.12
5	−0.01	−0.12	−0.10	−1.16	−0.01	−0.06	−0.08	−1.54
5 − 1	−0.39 ***	−3.45	−0.39 ***	−3.42	−0.31 ***	−3.23	−0.27 ***	−3.09

续表

投资组合	平均回报	t 值	CAPM Alpha	t 值	平均回报	t 值	CAPM Alpha	t 值
	abnormal_turnover				maturity			
1	0.16	1.57	0.08	1.26	0.13	1.43	0.05	1.00
2	0.13	1.16	0.04	0.68	0.18	1.62	0.09	1.52
3	0.16	1.57	0.07	1.49	0.20*	1.79	0.11*	1.80
4	0.13	1.19	0.03	0.58	0.13	1.11	0.03	0.51
5	0.20	1.54	0.10	1.24	0.14	1.21	0.04	0.73
5-1	0.04	0.45	0.02	0.17	0.01	0.23	0.00	-0.07
	coupon				book_to_price			
1	0.11	0.99	0.01	0.14	0.20	1.51	0.09	1.13
2	0.23*	1.75	0.14**	2.01	0.15	1.29	0.05	0.85
3	0.31**	2.32	0.12	1.44	0.21*	1.79	0.12*	1.78
4	0.15	1.31	0.10	1.38	0.09	0.94	0.01	0.23
5	0.15	1.62	0.08	1.48	0.13	1.41	0.05	1.04
5-1	0.05	0.87	0.07	1.45	-0.08	-0.72	-0.05	-0.44
	debt_EBITDA				week_stock_ret			
1	0.17*	1.68	0.08	1.56	0.07	0.58	-0.03	-0.52
2	0.14	1.21	0.04	0.79	0.12	1.11	0.03	0.56
3	0.18	1.60	0.08	1.42	0.15	1.45	0.07	1.10
4	0.17	1.44	0.07	1.15	0.17	1.62	0.08	1.37
5	0.12	1.22	0.03	0.66	0.27**	2.17	0.17**	2.42
5-1	-0.05	-0.89	-0.05	-0.76	0.21**	2.56	0.20**	2.44
	week_stock_ret2				week_stock_ret3			
1	0.06	0.59	-0.03	-0.52	0.08	0.77	-0.01	-0.14
2	0.07	0.67	-0.01	-0.27	0.07	0.76	-0.01	-0.15
3	0.18	1.64	0.09	1.63	0.18	1.64	0.08	1.65
4	0.22**	2.13	0.13**	2.32	0.16	1.45	0.06	1.08
5	0.25*	1.87	0.14*	1.78	0.30**	2.20	0.19**	2.37
5-1	0.19**	2.02	0.17*	1.89	0.21**	2.28	0.19**	2.14

续表

投资组合	平均回报	t值	CAPM Alpha	t值	平均回报	t值	CAPM Alpha	t值
	week_stock_ret4				week_stock_ret8			
1	0.07	0.67	−0.02	−0.29	0.11	1.03	0.02	0.39
2	0.08	0.80	0.00	−0.11	0.05	0.52	−0.03	−0.53
3	0.18*	1.68	0.09	1.61	0.13	1.25	0.04	0.76
4	0.18*	1.71	0.09*	1.69	0.18*	1.75	0.09*	1.74
5	0.28**	2.10	0.17**	2.14	0.31**	2.14	0.19**	2.22
5−1	0.21**	2.07	0.19*	1.92	0.20*	1.85	0.17*	1.65
	week_stock_ret16				week_stock_ret4_1			
1	0.08	0.75	0.00	0.00	0.09	0.82	0.00	−0.04
2	0.08	0.87	0.00	0.04	0.12	1.18	0.03	0.68
3	0.16	1.51	0.07	1.19	0.19*	1.81	0.10*	1.78
4	0.21*	1.84	0.11**	2.09	0.17	1.59	0.08	1.45
5	0.25*	1.75	0.13	1.61	0.22*	1.74	0.11	1.53
5−1	0.18	1.59	0.13	1.26	0.13	1.62	0.11	1.42
	week_stock_ret6_1				price_to_earnings			
1	0.05	0.52	−0.03	−0.57	0.16*	1.73	0.07*	1.69
2	0.12	1.26	0.04	0.78	0.07	0.72	−0.02	−0.40
3	0.14	1.36	0.05	0.92	0.16	1.41	0.06	1.15
4	0.17	1.55	0.08	1.45	0.15	1.34	0.06	1.01
5	0.30**	2.14	0.19**	2.25	0.25*	1.82	0.14	1.63
5−1	0.25**	2.48	0.22**	2.30	0.09	0.98	0.07	0.75
	mktvalue				RV			
1	0.17	1.36	0.09	1.02	0.11	1.38	0.04	1.00
2	0.16	1.45	0.07	1.12	0.15	1.52	0.07	1.33
3	0.18	1.57	0.08	1.36	0.17	1.64	0.08	1.48
4	0.20*	1.79	0.09**	1.98	0.15	1.28	0.05	0.90
5	0.08	0.75	−0.02	−0.57	0.20	1.31	0.08	0.85
5−1	−0.09	−0.88	−0.12	−1.07	0.09	0.76	0.04	0.40

续表

投资组合	平均回报	t 值	CAPM Alpha	t 值	平均回报	t 值	CAPM Alpha	t 值
			total_debt				week_ret6_1	
1	0.21	1.62	0.12	1.37	0.13	1.20	0.04	0.63
2	0.17	1.46	0.07	1.14	0.10	1.02	0.02	0.37
3	0.17	1.50	0.07	1.28	0.23**	2.17	0.15***	2.85
4	0.15	1.46	0.06	1.19	0.12	1.12	0.03	0.60
5	0.08	0.92	-0.01	-0.53	0.22	1.48	0.10	1.10
5-1	-0.13	-1.40	-0.13	-1.44	0.09	0.84	0.06	0.57
			week_ret_6_1_industry				book_leverge	
1	0.11	0.95	0.01	0.22	0.16	1.56	0.07	1.41
2	0.14	1.46	0.06	1.19	0.14	1.21	0.04	0.74
3	0.20*	1.94	0.14***	2.70	0.19*	1.70	0.10	1.63
4	0.09	0.92	0.01	0.12	0.17	1.49	0.07	1.19
5	0.25*	1.68	0.13	1.47	0.11	1.19	0.03	0.61
5-1	0.14	1.45	0.11	1.21	-0.05	-0.88	-0.04	-0.83
			market_leverage				turnover_volatility	
1	0.16	1.52	0.07	1.36	0.10	1.05	0.01	0.23
2	0.17	1.44	0.07	1.12	0.20*	1.72	0.11*	1.67
3	0.22*	1.75	0.12*	1.70	0.19	1.63	0.10	1.41
4	0.12	1.11	0.03	0.49	0.18	1.57	0.09	1.48
5	0.12	1.31	0.04	0.86	0.11	1.08	0.01	0.31
5-1	-0.04	-0.66	-0.03	-0.48	0.01	0.23	0.00	0.05
			credit_spread				operating_leverage	
1	0.16	0.98	0.03	0.27	0.10	1.08	0.01	0.31
2	0.21*	1.69	0.11*	1.81	0.18*	1.71	0.09*	1.71
3	0.19*	1.76	0.09**	2.06	0.16	1.40	0.06	1.08
4	0.11	1.18	0.03	0.64	0.16	1.42	0.07	1.10
5	0.12	1.48	0.06	1.19	0.18	1.55	0.09	1.34
5-1	-0.04	-0.31	0.03	0.23	0.08	1.33	0.08	1.30

续表

投资组合	平均回报	t 值	CAPM Alpha	t 值	平均回报	t 值	CAPM Alpha	t 值
	profitability				Distance_to_default			
1	0.10	0.96	0.01	0.22	0.12	1.27	0.04	0.79
2	0.14	1.26	0.05	0.79	0.11	0.92	0.01	0.19
3	0.21 *	1.92	0.12 *	1.91	0.20 *	1.74	0.10	1.60
4	0.17	1.54	0.07	1.46	0.19	1.64	0.09 *	1.67
5	0.17	1.59	0.07	1.52	0.17 *	1.67	0.08	1.58
5 - 1	0.07	1.11	0.06	1.02	0.05	0.79	0.04	0.67
	bond_skewness				Spread_to_D2D			
1	0.18 **	1.98	0.10 **	2.43	0.10	0.70	-0.02	-0.23
2	0.20	1.60	0.08 *	1.66	0.24 *	1.83	0.13 **	2.05
3	0.32	0.79	0.23	0.93	0.21 *	1.86	0.11 **	2.18
4	0.16	1.33	0.05	0.76	0.11	1.19	0.03	0.67
5	0.09	0.85	0.01	0.14	0.13	1.52	0.07	1.26
5 - 1	-0.08	-1.47	-0.08	-1.48	0.03	0.24	0.09	0.80
	bond_volatility				downside_risk			
1	0.08	1.13	0.02	0.44	0.20	1.35	0.09	0.93
2	0.20 *	1.71	0.08 *	1.87	0.22 *	1.76	0.10 *	1.92
3	0.33	0.85	0.25	1.03	0.29	0.73	0.20	0.82
4	0.20	1.56	0.08	1.27	0.13	1.31	0.03	0.71
5	0.18	1.20	0.07	0.70	0.07	0.94	0.01	0.20
5 - 1	0.10	0.85	0.06	0.52	-0.13	-1.14	-0.09	-0.81
	vix_beta							
1	0.16	1.40	0.06	1.10				
2	0.21 *	1.85	0.10 **	2.28				
3	0.28	0.72	0.20	0.81				
4	0.16	1.45	0.07	1.00				
5	0.10	0.82	0.01	0.12				
5 - 1	-0.06	-0.75	-0.05	-0.67				

注：t 值为 Newey-West 调整后的 t 值；*** 、** 和 * 分别代表了在 1%、5% 和 10% 的显著性水平下显著。

接下来我们引入 IPCA 模型，具体来说在 IPCA 因子模型中，可转换债券的超额收益可以表示为：

$$r_{i,t+1} = \alpha_{i,t} + \beta_{i,t} f_{t+1} + \epsilon_{i,t+1} \tag{5-2}$$

$$\alpha_{i,t} = z'_{i,t} \Gamma_\alpha + v_{\alpha,i,t}$$

$$\beta_{i,t} = z'_{i,t} \Gamma_\beta + v_{\beta,i,t}$$

其中，$\alpha_{i,t}$ 和 $\beta_{i,t}$ 是可观测特征的函数，f_{t+1} 是潜在因子的 K 向量。

凯利、普鲁伊特和苏（Kelly, Pruitt and Su, 2019）还提供了一个 Wald 型统计量来检验 $\Gamma_\alpha = 0$，该统计量也包含在主要结果的资产定价检验中。对于零 α 模型，可以通过交替最小二乘法估计 IPCA 模型，从而获得最小的模型误差平方和。求解结果应满足（$\{f_{t+1}\}, \Gamma_\beta$）的一阶条件。

$$\hat{f}_{t+1} = (\hat{\Gamma}'_\beta Z'_t Z_t \hat{\Gamma}_\beta)^{-1} \hat{\Gamma}'_\beta Z'_t r_{t+1} \tag{5-3}$$

$$\text{vec}(\hat{\Gamma}'_\beta) = (\sum_{t=1}^{T-1} Z'_t Z_t \otimes \hat{f}_{t+1} \hat{f}'_{t+1})^{-1} (\sum_{t=1}^{T-1} [Z_t \otimes \hat{f}'_{t+1}]' r_{t+1}) \tag{5-4}$$

其中，Z_t 和 r_{t+1} 表示可转换债券工具变量和收益的矩阵，$\hat{\Gamma}_\beta$ 是收益与公司特定特征交互作用的回归系数。

根据凯利、普鲁伊特和苏（2019）的研究，IPCA 可以通过对 L 个特征管理投资组合进行 PCA 维度缩减来估计，其定义为：

$$x_{t+1} = \frac{Z'_t r_{t+1}}{N_{t+1}} \tag{5-5}$$

其中，x_{t+1} 的第 l 个元素是权重取决于每种可转债在 t 时间的第 l 个特征的投资组合。由于管理投资组合的构建排除了单一可转债的特异性波动，因此可以作为测试资产。本研究报告了基于单一可转债和管理投资组合模型的性能。

我们使用五个指标来评估因子模型的性能。对于 IPCA 模型，总 R^2 可定义为：

$$\text{Total } R^2 = 1 - \frac{\sum_{i,t} (r_{i,t+1} - \hat{\beta}'_{i,t} \hat{f}_{t+1})^2}{\sum_{i,t} r_{i,t+1}^2} \tag{5-6}$$

$$\text{Predictive R}^2 = 1 - \frac{\sum_{i,t}(r_{i,t+1} - \hat{\beta}'_{i,t}\hat{\lambda})^2}{\sum_{i,t}r^2_{i,t+1}} \qquad (5-7)$$

每个测试资产 I 的时间序列 R^2 可定义为：$R^2_i = 1 - \dfrac{\sum_t(r_{i,t+1} - \hat{\beta}'_{i,t}\hat{f}_{t+1})^2}{\sum_t r^2_{i,t+1}}$，

表示非遗漏时间序列观测值的数量。我们可以定义加权平均时间序列 R^2。

$$\text{Time Series R}^2 = \frac{1}{\sum_i T_i}\sum_i T_i R^2_i \qquad (5-8)$$

时间 $t+1$ 的 Fama-MacBeth 回归的横截面 R^2 可定义为：$R^2_{t+1} = 1 -$

$\dfrac{\sum_t(r_{i,t+1} - \hat{\beta}'_{i,t}\hat{f}_{t+1})^2}{\sum_t r^2_{i,t+1}}$。我们可以得到每个时间段的时间序列平均 R^2。

$$\text{Cross Section R}^2 = \frac{1}{T}\sum_t R^2_t \qquad (5-9)$$

相对定价误差衡量的是定价误差平方和除以平均收益平方和。

$$\text{Relative Pricing Error} = \frac{\sum_i \alpha_i^2}{\sum_t \bar{r}_i^2} \qquad (5-10)$$

其中，定价误差为 $\alpha_i = \dfrac{1}{T_i}\sum_t(r_{i,t+1} - \hat{\beta}'_{i,t}\hat{f}_{t+1})$，平均收益为 $\bar{r}_i = $

$\dfrac{1}{T_i}\sum_t r_{i,t+1}$。

此外，我们引入了其他常见的因子模型来作为基准模型进行比较，如表 5-3 所示。

表 5-3 基准模型

基准模型	文献来源	简介
BMKT	—	可转换债券的市场因子
BOND5	Bai et al. （2019），Zhang and Zhang （2023）	期限、违约风险、信用、流动性和公司债券市场因子
CH3	Liu et al. （2019）	股票市场的规模、价值和市场因子

续表

基准模型	文献来源	简介
CH3 + BMKT	Liu et al. （2019）	股票市场的规模、价值和市场因子，以及可转换债券的市场因子
FF5	Fama and French （1992）	股票市场的期限、违约风险、规模、价值、市场因子
WHOLE8	Bai et al. （2019）、Zhang and Zhang （2023）	规模、价值、股票市场的市场因子、期限、违约风险、信用、流动性和公司债券市场因子
TF98	Tsiveriotis and Fernandes （1998）	数值法计算的可转换债券理论值，我们将定价离散度定义为理论价格除以当前价格

表 5 – 4 展示了当 $\Gamma_\alpha = 0$ 时 IPCA 模型的样本内表现。0 截距项的 IPCA 模型可解释单个债券总变化的 19.24%（K = 1）至 31.77%（K = 6）（Panel A）。相比之下，最佳可观察因子模型（见表 5 – 5）只能解释总变化的 22.27%。在管理投资组合层面（Panel B），6 个因子的总 R^2 为 94.81%（可观察因子模型为 63.59%）。随着 IPCA 因子数量的增加，模型具有更好的定价性能。当 K = 6 时，管理投资组合的相对定价误差达到 7.93%，远小于可观察因子的误差（见图 5 – 2）。从 Panel C 中的 bootstrapped p 值来看，均拒绝零假设并支持我们的模型。

表 5 – 4 样本内 IPCA 表现

K	1	2	3	4	5	6
Panel A：可转债						
Total R^2	19.24	24.70	27.60	29.59	30.80	31.77
Predictive R^2	0.17	0.23	0.29	0.39	0.42	0.46
Relative Pricing Error	53.31	56.07	71.40	66.87	66.92	66.06
Time Series R^2	22.38	23.53	27.19	27.81	28.06	27.81
Cross Section R^2	18.66	22.80	26.01	27.64	28.78	29.58
Panel B：基于特征形成的投资组合						
Total R^2	75.58	82.39	89.76	92.86	94.21	94.81
Predictive R^2	0.55	0.67	0.72	0.81	0.75	0.81
Relative Pricing Error	23.90	20.78	22.62	12.51	9.40	7.93

续表

K	1	2	3	4	5	6
Panel B：基于特征形成的投资组合						
Time Series R^2	32. 43	49. 62	64. 84	73. 55	77. 55	79. 58
Cross Section R^2	59. 50	65. 15	77. 40	82. 06	84. 48	86. 00
Panel C：资产定价测试						
$\Gamma_\alpha = 0$	0. 55	0. 35	0. 24	0. 29	0. 81	0. 85

注：本表报告了限制为无截距的 IPCA 模型的样本内总 R^2、时间序列 R^2、横截面 R^2 和相对定价误差（百分比）。Panel A 报告了单个可转债收益的结果，Panel B 报告了基于特征形成的投资组合（characteristic-managed portfolios）的结果，Panel C 以百分比为单位报告了对 $\Gamma_\alpha = 0$ 检验的 bootstrapped p 值。

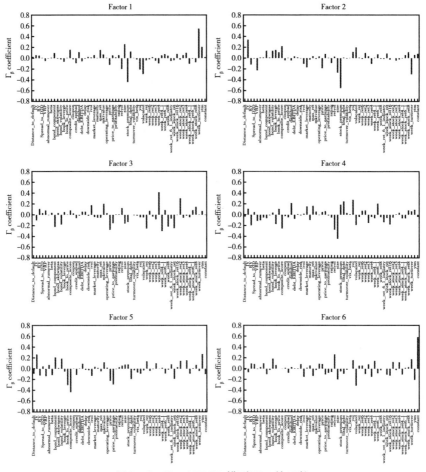

图 5 - 2　K = 6 IPCA 模型下 Γ_β 的系数

在图 5-2 中，第一个因子主要由周成交额和转换溢价率构成。第二个因子主要是转换溢价和隐含方差。第三个因子主要由过往回报率决定。第四和第五个因子更多受到规模与综合得分的影响。第六个因子受常数的影响最大。

在表 5-5 中，我们展示了文献中广泛讨论的可观察因子的 R^2 指标和相对定价误差。与可观测因子相比，IPCA 模型能更好地描述共同变化，同时展现出较小的定价误差。

表 5-5　　　　　　　　　　观测因子的样本内数据比较

Model	BMKT	BOND5	CH3	CH3 + BMKT	FF5	WHOLE8
Panel A：可转债						
Total R^2	15.92	7.30	16.36	22.27	19.15	21.67
Predictive R^2	0.51	0.58	0.11	0.27	0.38	0.35
Relative Pricing Error	69.34	68.44	89.88	78.07	64.67	66.52
Time Series R^2	24.94	6.80	22.08	31.53	24.75	26.97
Cross Section R^2	15.08	2.86	14.06	19.97	16.00	16.78
Panel B：基于特征形成的可转债组合						
Total R^2	56.21	5.06	45.49	63.59	48.00	48.75
Predictive R^2	0.51	0.49	-0.09	0.19	0.37	0.37
Relative Pricing Error	39.05	41.58	110.37	76.60	55.20	55.79
Time Series R^2	11.06	2.18	16.03	19.33	16.64	17.65
Cross Section R^2	33.34	-10.35	12.37	42.34	18.85	15.15

注：本表报告了可观察因子模型的样本内总 R^2、时间序列 R^2、横截面 R^2 和以百分比相对定价误差，其中包括 BMKT（代表整体可转债市场）、BOND 5（Zhang and Zhang，2023）、CH3（Liu et al.，2019）、CH3 + BMKT、FF5（Fama and French，1992）和 WHOLE8（Zhang and Zhang，2023）。

除此之外，我们还在表 5-6 中展示了样本外数据的表现。与样本内表现一致，IPCA 模型在 R^2 指标和相对定价误差方面的表现优于可观察因子模型。

表 5 – 6   **样本外数据的 IPCA 表现**

Panel A：IPCA 模型的样本外表现

IPCA	1	2	3	4	5	6
Panel A1：可转债						
Total R^2	17. 38	22. 18	24. 23	25. 72	26. 80	27. 39
Predictive R^2	– 0. 01	0. 08	0. 10	0. 14	0. 13	0. 12
Relative Pricing Error	63. 29	66. 14	86. 76	82. 43	81. 28	80. 56
Time Series R^2	18. 61	19. 84	22. 34	23. 54	23. 62	23. 45
Cross Section R^2	16. 07	20. 71	23. 05	24. 54	25. 48	26. 04
Panel A2：基于特征形成的可转债组合						
Total R^2	72. 59	80. 57	86. 40	90. 68	92. 78	93. 19
Predictive R^2	0. 31	0. 45	0. 49	0. 56	0. 49	0. 53
Relative Pricing Error	23. 99	18. 75	20. 92	14. 40	12. 18	11. 18
Time Series R^2	34. 50	48. 56	59. 92	69. 38	73. 82	74. 84
Cross Section R^2	56. 39	65. 82	76. 23	82. 71	86. 07	86. 86

Panel B：与可观测因子模型在样本外的比较

	BMKT	BOND5	CH3	CH3 + BMKT	FF5	WHOLE8
Panel B1：可转债						
Total R^2	11. 83	– 3. 94	7. 14	11. 19	6. 15	2. 22
Predictive R^2	0. 06	– 0. 23	– 0. 35	– 0. 24	– 0. 47	– 0. 58
Relative Pricing Error	82. 66	110. 69	103. 06	93. 48	94. 27	114. 28
Time Series R^2	21. 18	– 5. 51	11. 41	18. 81	10. 57	4. 84
Cross Section R^2	12. 39	– 6. 40	6. 82	11. 27	5. 23	0. 10
Panel B2：基于特征形成的可转债组合						
Total R^2	51. 77	3. 13	38. 24	57. 03	40. 25	39. 94
Predictive R^2	0. 49	0. 49	– 0. 41	– 0. 13	0. 02	0. 03
Relative Pricing Error	68. 99	74. 72	84. 97	81. 13	58. 02	64. 68
Time Series R^2	10. 79	– 0. 64	13. 96	17. 02	13. 79	13. 01
Cross Section R^2	38. 36	2. 02	15. 68	41. 82	20. 03	18. 68

注：本表报告了 0 截距的 IPCA 模型的样本外总 R^2、时间序列 R^2、横截面 R^2 和百分比相对定价误差。我们使用不断扩大的窗口来估计时间 t 的参数，并计算 t + 1 时间的预期收益。第一个样本外窗口是整个样本的一半，因此样本外时期为 2020 ~ 2022 年。

接下来，我们研究模型隐含的投资策略在样本外的表现。表 5 - 7 显示了五分位投资组合收益率。K = 4、5、6 的 IPCA 多空组合的平均周收益率分别为 0. 49%、0. 46%、0. 42%。相比之下，可观察因子的投资组合没有正收益。我们还将 TF98 的价格与理论价值之比分为五等份，TF98 的平均收益率为 0. 47%。IPCA 模型与传统的估值定价模型相比具有一定的竞争力。

表 5 - 7 五分位投资组合收益率

模型	统计量	五分组投资组合					
		1	2	3	4	5	5 - 1
IPCA1	Mean	0. 16	0. 18	0. 29	0. 29	0. 19	0. 04
	t(Mean)	1. 66	1. 54	2. 02	1. 55	0. 66	0. 14
IPCA2	Mean	0. 11	0. 16	0. 19	0. 19	0. 47	0. 36
	t(Mean)	0. 80	1. 22	1. 33	1. 12	1. 65	1. 38
IPCA3	Mean	0. 06	0. 12	0. 19	0. 32 *	0. 43 *	0. 37 *
	t(Mean)	0. 35	1. 03	1. 34	1. 87	1. 71	1. 63
IPCA4	Mean	− 0. 01	0. 09	0. 23	0. 34 **	0. 48 **	0. 49 **
	t(Mean)	− 0. 09	0. 73	1. 58	2. 00	1. 97	2. 24
IPCA5	Mean	− 0. 04	0. 13	0. 22	0. 40 **	0. 42 *	0. 46 **
	t(Mean)	− 0. 24	1. 01	1. 55	2. 36	1. 67	2. 06
IPCA6	Mean	− 0. 02	0. 15	0. 21	0. 38 **	0. 41 *	0. 42 *
	t(Mean)	− 0. 10	1. 11	1. 48	2. 26	1. 63	1. 93
BMKT	Mean	0. 25 *	0. 28	0. 18	0. 19	0. 18	− 0. 06
	t(Mean)	1. 70	1. 97	1. 23	1. 26	0. 79	− 0. 42
BOND5	Mean	0. 35	0. 16	0. 16	0. 22	0. 19	− 0. 15
	t(Mean)	1. 57	1. 34	1. 24	1. 34	0. 85	− 0. 71
CH3	Mean	0. 30	0. 28	0. 28	0. 15	0. 07	− 0. 23
	t(Mean)	1. 15	1. 59	1. 79	1. 19	0. 50	− 0. 97
CH3 + BMKT	Mean	0. 36	0. 26 *	0. 23	0. 20	0. 04	− 0. 31
	t(Mean)	1. 40	1. 71	1. 45	1. 37	0. 29	− 1. 41
FF5	Mean	0. 36	0. 27 *	0. 13	0. 19	0. 13	− 0. 23
	t(Mean)	1. 57	1. 70	0. 80	1. 36	0. 74	− 1. 10

续表

模型	统计量	五分组投资组合					
		1	2	3	4	5	5-1
WHOLE8	Mean	0.35	0.29*	0.18	0.11	0.15	-0.20
	t(Mean)	1.52	1.78	1.24	0.79	0.81	-0.96
TF98	Mean	-0.01	0.24*	0.21	0.23	0.46**	0.47**
	t(Mean)	-0.06	1.65	1.45	1.44	2.24	2.59

注：本表报告了模型投资策略的五分位投资组合。平均收益是每周等权重投资组合收益的时间序列平均值。*、** 分别表示在 10%、5% 水平上的显著性。

我们使用 IPCA 来解释可转换债券的横截面收益。在定价误差较小的情况下，我们的因子模型能更好地描述已实现收益的共同变化。样本外的投资表现进一步支持了 IPCA 模型。我们的研究结果凸显了因子模型在实证可转换债券定价中的作用。

第三节 可转债市场收益率预测

一、机器学习算法

参考顾、凯利和修（Gu, Kelly and Xiu, 2020）的研究，我们将可转债期望收益率表达成一个预测模型。

$$r_{i,t+1} = E_t(r_{i,t+1}) + \varepsilon_{i,t+1} \qquad (5-11)$$

其中：

$$E_t(r_{i,t+1}) = g^*(z_{i,t}) \qquad (5-12)$$

$g^*()$ 代表着机器学习算法。由于本研究的目标是预测可转债是否会跑赢其他可转债，因此我们将 $r_{i,t+1}$ 记录为可转债 i 在第 $t+1$ 周的标准化排序。类似地，我们将 $z_{i,t}$ 记录为 56 个特征的标准化排序。上述模型设定的目标是尽可能降低异常值的影响，同时在收益率预测中保持每个变量的相对重要性。

本书考虑了在文献中广泛使用的 12 种机器学习算法，线性模型主要包括线性最小二乘法（OLS）、弹性网络（ENET），此外还包括主成分分析（PCR）、偏最小二乘法（PLS）。对于树模型，我们引入了梯度提升树（GBRT）和随机森林（RF）。另外，还包括了最简单的神经网络模型，隐藏层从 1 层一直到 5 层，记录为 NN1 到 NN5。

我们遵从学术文献中关于模型训练和评价的方法。样本区间为 2017 ~ 2022 年，时间频率为周度。我们将数据划分为三个区间：训练集（2017 ~ 2018 年）、验证集（2019 年）、测试集（2020 ~ 2022 年）。由于机器学习训练需要消耗大量的时间和算力，我们在每个季度进行模型训练，而不是每周训练模型。我们保证验证集的样本为 1 年，同时训练集是基于扩展窗口移动。

样本外模型的 R^2，可以通过如下的模型进行计算：

$$R_{oos}^2 = 1 - \frac{\sum (r_{i,t+1} - \hat{r}_{i,t+1})^2}{\sum r_{i,t+1}^2} \qquad (5-13)$$

我们同时构造了 DM 统计量来比较样本外的模型表现，统计量可以被定义为 $DM_{12} = \bar{d}_{12}/\hat{\sigma}_{\bar{d}_{12}}$，其中：

$$d_{12,t+1} = \frac{1}{n_{3,t+1}} \sum_{t=1}^{n_{3,t+1}} [(\hat{e}_{i,t+1}^{(1)})^2 - (\hat{e}_{i,t+1}^{(2)})^2] \qquad (5-14)$$

$\hat{e}_{i,t+1}^{(1)}$ 和 $\hat{e}_{i,t+1}^{(2)}$ 代表模型 1 和模型 2 对于可转债 i 在时间 t 的预测误差，而 $n_{3,t+1}$ 代表了 t + 1 周可转债的数量。$\bar{d}_{12}$ 和 $\hat{\sigma}_{\bar{d}_{12}}$ 则代表了 $d_{12,t+1}$ 在测试集区间里的均值和 Newey-West 调整后的标准误。

为了进一步理解机器学习模型的工作机制，我们还基于 R^2 reduction 和 SSD（squared partial derivatives）绘制了变量重要性的结果。

二、机器学习算法结果

首先，我们在表 5 - 8 中汇报了一系列算法在样本外表现的 R^2。样本外 R^2 反映了模型在样本外区间的拟合能力。从总体结果上来看，NN1 模型的拟合效果最好，样本外 R^2 达到了 1.85%，明显优于其他模型。与此同时，我们注意到随着神经网络隐含层的增加，模型的拟合效果并没有增加。此外，为了考察模型在不同样本上的拟合效果，我们还按照可转债的存续规模，将可转债区分成规模靠前 70% 样本（Top 70）与规模靠后 30% 样本（Bottom 30）。在多数算法上，我们可以看到，算法在规模较小的可转债样本上有着更好的拟合效果。类似地，我们还区分了国企样本（SOE）和非国企样本（Non-SOE）、到期收益率大于 0 样本（ytm > 0）和到期收益率小于 0 样本（ytm ≤ 0）。机器学习算法在非国企样本、到期收益率大于 0 样本有着更好的预测效果。此外，机器学习算法在价格小于 130 样本、剔除掉公司基本面预测特征的结果上也表现出相似的效果。

表 5 - 9 汇报了基于 Diebold-Mariano 检验的周度预测比较。数值为正，则表明行模型要优于列模型。加粗的结果表明模型比较的 DM 统计量在 5% 显著性水平下显著。检验结果表明：NN1 模型要显著优于其他一系列模型，表明 NN1 模型在预测可转债收益率上样本外有着更好的结果。

接下来，我们汇报了根据模型预测结果进行五分组投资组合的表现（见表 5 - 10），分别汇报了每个组合的标准差（SD）、夏普比率（SR）和期望收益（ER）。从结果中，可以看到多数结果能够单调地进行分组，其中 NN1 算法对应的 Q5 组合夏普比率为 2.41、多空对冲组合的夏普比率为 2.25。

表 5 - 8　　机器学习算法对可转债收益率预测的样本外 R^2

分组	OLS	Enet	PCR	PLS	GBRT	RF	NN1	NN2	NN3	NN4	NN5
All	0.83%	1.38%	1.41%	1.47%	1.66%	1.54%	1.85%	1.51%	1.29%	1.47%	1.33%
Top 70	0.61%	1.10%	1.14%	1.22%	1.25%	1.12%	1.35%	1.04%	1.19%	1.02%	1.03%
Bottom 30	0.89%	1.83%	1.87%	2.07%	2.14%	2.26%	1.81%	0.41%	0.73%	1.35%	1.66%
≤130	1.23%	1.73%	1.76%	1.73%	1.89%	1.70%	1.92%	1.81%	1.83%	1.88%	1.42%
SOE	-2.07%	0.28%	0.31%	0.81%	0.87%	1.14%	-0.71%	-4.21%	-4.52%	-1.30%	0.68%
Non-SOE	0.78%	1.44%	1.48%	1.41%	1.67%	1.52%	1.58%	1.21%	1.07%	1.52%	1.17%
Ytm > 0	0.43%	1.59%	1.55%	1.47%	1.85%	1.66%	1.90%	1.79%	1.91%	1.55%	1.14%
Ytm ≤ 0	-1.00%	0.85%	0.89%	0.73%	1.20%	1.23%	1.24%	0.35%	-0.69%	1.03%	1.12%
Non-Fundamental	1.00%	1.41%	1.43%	1.38%	1.62%	1.62%	1.65%	1.43%	1.54%	1.57%	1.13%

表 5 – 9　　　　基于 Diebold-Mariano 检验的周度预测比较

模型	ENET	PCR	PLS	RF	GBRT	NN1	NN2	NN3	NN4	NN5
OLS	**7.36**	**7.36**	**7.26**	**6.12**	**7.15**	**9.36**	**6.65**	**4.63**	**5.49**	**3.95**
ENET		0.81	1.33	**2.06**	**3.57**	**7.32**	**2.28**	−0.07	1.46	−0.24
PCR			1.01	1.89	**3.40**	**7.04**	**2.12**	−0.21	1.31	−0.35
PLS				1.56	**3.04**	**6.59**	1.53	−0.66	0.84	−0.82
RF					**2.09**	**3.56**	−0.12	−1.88	−0.76	**−2.51**
GBRT						**2.23**	−1.46	**−3.39**	**−2.25**	**−3.33**
NN1							**−4.51**	**−6.09**	**−5.14**	**−5.95**
NN2								**−2.35**	−0.66	**−1.97**
NN3									1.54	−0.17
NN4										−1.79

表 5 – 10　　　　　　基于机器学习算法预测分组结果

分组	OLS			Enet			PCR		
	SD	SR	ER	SD	SR	ER	SD	SR	ER
Q1	0.22	0.20	0.04	0.22	−0.01	0.00	0.22	−0.05	−0.01
Q2	0.15	0.62	0.09	0.14	0.59	0.09	0.14	0.53	0.08
Q3	0.14	0.90	0.13	0.14	0.86	0.12	0.14	0.94	0.13
Q4	0.13	1.28	0.17	0.13	1.39	0.18	0.13	1.41	0.18
Q5	0.12	1.80	0.21	0.12	2.15	0.26	0.12	2.21	0.26
Long-Short	0.17	0.95	0.17	0.18	1.49	0.26	0.18	1.57	0.28

分组	PLS			GBRT			RF		
	SD	SR	ER	SD	SR	ER	SD	SR	ER
Q1	0.21	−0.03	−0.01	0.21	−0.10	−0.02	0.22	−0.01	0.00
Q2	0.14	0.48	0.07	0.14	0.31	0.04	0.15	0.32	0.05
Q3	0.14	1.06	0.15	0.13	1.15	0.15	0.13	1.11	0.14
Q4	0.12	1.40	0.17	0.13	1.51	0.19	0.13	1.46	0.18
Q5	0.12	2.10	0.25	0.13	2.13	0.28	0.13	2.08	0.27
Long-Short	0.17	1.52	0.26	0.16	1.86	0.30	0.18	1.51	0.27

续表

分组	NN1			NN2			NN3		
	SD	SR	ER	SD	SR	ER	SD	SR	ER
Q1	0.22	-0.38	-0.08	0.21	-0.31	-0.06	0.21	-0.09	-0.02
Q2	0.15	0.47	0.07	0.14	0.66	0.09	0.15	0.55	0.08
Q3	0.13	1.26	0.17	0.14	0.93	0.13	0.13	1.02	0.13
Q4	0.12	1.49	0.18	0.13	1.60	0.21	0.12	1.47	0.18
Q5	0.12	2.41	0.30	0.13	2.17	0.28	0.13	1.95	0.26
Long-Short	0.17	2.25	0.38	0.16	2.11	0.34	0.16	1.76	0.28

分组	NN4			NN5		
	SD	SR	ER	SD	SR	ER
Q1	0.22	-0.08	-0.02	0.21	-0.26	-0.05
Q2	0.15	0.63	0.09	0.15	0.53	0.08
Q3	0.13	0.96	0.12	0.13	1.26	0.17
Q4	0.13	1.47	0.19	0.12	1.48	0.18
Q5	0.13	1.97	0.26	0.12	2.14	0.26
Long-Short	0.17	1.60	0.27	0.16	2.00	0.31

　　为了进一步区分样本在投资组合中的表现，我们分别绘制了各个算法 Q1 和 Q5 组合的累计收益率。从结果中可以看到 NN1 在 2020～2022 年累计收益率接近 150%，显著优于市场组合和其他算法组合（见图 5-3）。

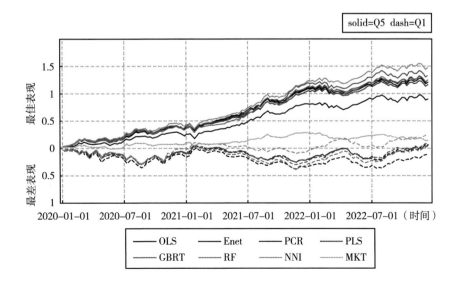

图 5-3　机器学习算法对应投资策略的累计收益率

　　综上所述，本节的研究证实了机器学习算法在可转债收益率预测中的前景。事实上，由于机器学习算法能够更好地捕捉非线性以及交互效应，其在衍生品定价和预测中有望发挥更大的作用，形成对传统衍生品定价方法的有效补充。

第六章
Chapter 6

研究趋势和讨论

第一节　资本市场研究的独特性和一般性

在研究中国资本市场时，既要考虑其与全球资本市场共有的一般性规律，又要特别关注其独特的市场结构、监管环境、投资者行为等因素。本书覆盖的股票因子模型、可转债研究和公募基金超额收益，是将资本市场一般性规律和中国实际情况紧密结合的一个积极尝试。以因子模型为例，因子模型刻画了资产价格波动中风险和收益的权衡。成熟市场主要以 Fama-French 三因子模型作为风险调整后的基准，而在中国市场中机械地复制三因子模型并不能很好地适应中国市场的客观现实。刘、斯坦博和袁（Liu，Stambaugh and Yuan，2019）提出了中国三因子模型。本研究则基于中国的注册制改革，进一步修正了中国三因子模型。对于可转债研究来说，发达国家的可转债缺少一个活跃的交易市场，以场外交易为主。而中国的可转债市场提供了一个高质量的数据集，这也使我们能够使用实证资产定价的研究方法探索可转债的定价，并对传统的衍生品定价方法形成有效的补充。在针对公募基金的研究上，由于市场发展阶段的不同，我们发现中国的公募基金存在着显著的超额收益，而投资者却并没有按照超额收益去挑选基金。

未来的研究需要进一步结合资本市场一般性规律和中国金融市场的独特性，从而更全面、深入地理解和分析中国资本市场的运行机制与发展趋势。

第二节 机器学习在资产定价中的应用

在金融经济学中，股票横截面的收益率可以表示为：

$$r_{i,t} = \alpha_{i,t} + \beta_{i,t}F_t + u_{i,t} \qquad (6-1)$$

其中，$\alpha_{i,t}$ 为超额收益率，$\beta_{i,t}$ 为因子暴露，F_t 为因子向量，$u_{i,t}$ 为残差项。由于股票收益率之间的波动存在着协同，因此学者们可以使用少数因子来刻画股票收益率的波动。最典型的是法玛和弗朗西斯（1992）提出的使用市场、市值和价值三个因子来刻画股票横截面的收益率。然而类似的因子模型存在着一定的局限性，一方面因子的种类和数量需要事先确定；另一方面资本市场异象的存在（即 $\alpha_{i,t}$ 不为 0）也限制了模型的解释力。

潜变量模型很好地解决了上述问题。假如一组预测变量 $X_{i,t}$ 可以预测股票的收益率，常见的建模思路包括两种：（1）统计学习下的降维模型将 F_t 作为潜变量的预测变量，其可以被表示为 $F_t = f(X_{i,t})$。本项目主要考虑用 PCA 类型的方法来解决该问题。对于传统的 PCA 模型，其认为因子收益率由一系列预测变量的线性组合而成。此外 PCA 还存在一系列变形，包括 Sparse PCA、Risk premia-PCA、Scaled PCA 等。（2）将$\beta_{i,t}$作为潜变量的预测变量，其可以被表示为$\beta_{i,t} = f(X_{i,t})$。常见的建模方式包括 IPCA 模型、自编码算法（AE 模型）。IPCA 模型通常假设隐变量和股票预测特征之间呈现线性的关系。然而在实际的数据中，数据特征之间可能呈现非线性的关系。作为一种无监督学习，自编码算法（AE 模型）经常被用于数据降维。

凯利和修（Kelly and Xiu，2023）在一篇名为"金融机器学习"的综述文章中回顾了机器学习在收益率预测、因子模型和最优投资组合中的应用。由于金融市场天然具有时变的特征，机器学习算法能够更好地捕捉和适应这种结构性变化。尽管机器学习在预测方面取得了惊艳的效果，但未来更重要的研究方向是将机器学习拓展到对经济学机制和均衡的分析上。此外机器学习算法还需要进一步和经济学的理论模型进行结合，以本研究讨论的可转债收益率预测为例，未来的研究可以将经典衍生品定价方法和机器学习算法进一步融合，从而更好地预测可转债的期望收益。

第三节　关于机构投资者研究的重要议题

公募基金作为现代金融体系的重要组成部分，其获取超额收益能力代表了主动管理能力，也间接反映资本市场股票定价的有效性。未来的研究可以通过结合传统金融理论和现代机器学习技术，深入挖掘公募基金超额收益的来源，并测算其最优规模，期望对基金管理实践和理论研究作出有意义的贡献。相关研究也有望为监管机构提供政策制定的参考。监管部门可以通过适当控制基金管理的规模，防范基金公司的道德风险，

因子模型、机构投资者与资本市场定价效率

保护基金投资者的长期利益。具体来说，结合当前针对以公募基金为代表的机构投资者研究现状，未来针对中国市场的研究方向可以从以下三个方面进行展开。

首先，基于学术界广泛使用的潜变量因子模型（如 IPCA 模型），未来的研究可以基于中国资本市场广泛使用的预测性特征，构造能够全面反映市场风险—收益特征的资产定价模型。潜变量因子模型可以通过减少传统业绩评价模型设定的误差，为基金评价提供一个客观的业绩基准。

其次，公募基金行业长期存在着"基金赚钱、基民不赚钱"的问题，超额收益也并不能代表投资者获得的真实收益，未来的研究可以从价值创造的视角出发，测度公募基金为投资者真实创造的价值。结合中国资本市场的实际情况，未来的研究可以基于基金参与新股申购的情况，进一步拆解阿尔法，将基金超额收益区分为"新股套利收益"和"主动管理的超额收益"。此外，我们还可以检验投资者的资金流向是否和上述收益存在关联。未来随着注册制的推进，公募基金获取的新股套利收益势必会进一步变小，通过主动管理获取的超额收益将成为区分基金表现的主要参考。

最后，由于基金管理规模存在着规模报酬递减的特点，基金管理是否超过了最优规模对于投资者能否获取长期回报具有重要意义。由于基金公司长期推行"造星策略"，明星基金经理普遍存在着"规模的诅咒"，从而对基金投资者的长期利益造成损害。未来的研究可以从基金底层投资策略出发，基于机器学习算法预测基金经理的最优管理规模。

参 考 文 献

[1] 陈国进、刘元月、陈凌凌等：《广义失望厌恶、下行风险与中国股票市场定价》，载于《中国管理科学》。

[2] 陈钊、范剑青、王丹：《高维因子模型及其在统计机器学习中的应用》，载于《中国科学：数学》2020 年第 50 卷第 4 期。

[3] 冯旭南、李心愉：《参与成本、基金业绩与投资者选择》，载于《管理世界》2013 年第 4 期。

[4] 韩燕、李平、崔鑫：《哪些基金有超群的分析能力?》，载于《管理世界》2011 年第 2 期。

[5] 贺平、兰伟、丁月：《我国股票市场可以预测吗? ——基于组合 LASSO-logistic 方法的视角》，载于《统计研究》2021 年第 38 卷第 5 期。

[6] 洪永淼、汪寿阳：《大数据、机器学习与统计学：挑战与机遇》，载于《计量经济学报》2021 年第 1 卷第 1 期。

[7] 洪永淼、汪寿阳：《大数据如何改变经济学研究范式?》，载于《管理世界》2021 年第 37 卷第 10 期。

[8] 姜富伟、马甜、张宏伟：《高风险低收益? 基于机器学习的动态 CAPM 模型解释》，载于《管理科学学报》2021 年第 24 卷第 1 期。

[9] 孔高文、胡林峰、孔东民、王琴：《基金持股的创新偏好与基金业绩研究》，载于《管理科学学报》2019 年第 12 期。

[10] 李林波、刘维奇、贺亚楠等：《投资者非理性与中国股票异

象——基于异质信念的视角》，载于《管理科学学报》2022 年。

[11] 李双琦、陈其安、朱沙：《考虑消费与投资者情绪的股票市场资产定价》，载于《管理科学学报》2021 年第 24 卷第 4 期。

[12] 林煜恩、陈秀玲、池祥萱：《共同基金流量具有信息内涵吗?》，载于《经济研究》2014 年第 1 期。

[13] 刘莎莎、刘玉珍、唐涯：《信息优势、风险调整与基金业绩》，载于《管理世界》2013 年第 8 期。

[14] 罗荣华、兰伟、杨云红：《基金的主动性管理提升了业绩吗?》，载于《金融研究》2011 年第 10 期。

[15] 莫泰山、朱启兵：《为什么基金投资人的投资回报低于基金行业的平均回报——基于"聪明的钱"效应实证检验的解释》，载于《金融研究》2013 年第 11 期。

[16] 屈源育、沈涛、吴卫星：《壳溢价：错误定价还是管制风险?》，载于《金融研究》2018 年第 3 期。

[17] 申宇、赵静梅、何欣：《基金未公开的信息：隐形交易与投资业绩》，载于《管理世界》2013 年第 8 期。

[18] Ali A, Chen X, Yao T, et al. Do Mutual Funds Profit from the Accruals Anomaly? Journal of Accounting Research, Vol. 46, No. 1, 2008, pp. 1 – 26.

[19] Ali F, Ülkü N. Weekday Seasonality of Stock Returns: The Contrary Case of China. Journal of Asian Economics, Vol. 68, 2020.

[20] Amihud Y. Illiquidity and Stock Returns: Cross-Section and Time-Series Effects. Journal of Financial Markets, Vol. 5, No. 1, 2002, pp. 31 – 56.

[21] Amihud Y, Goyenko R. Mutual Fund's R2 as Predictor of Performance. Review of Financial Studies, Vol. 26, 2013, pp. 667 – 694.

[22] Ang A, Hodrick RJ, Xing Y, et al. The Cross-Section of Volatility and Expected Returns. The Journal of Finance, Vol. 61, No. 1, 2006, pp. 259 - 299.

[23] Asness CS, Frazzini A, Pedersen LH. Quality Minus Junk. Review of Accounting Studies, Vol. 24, No. 1, 2019, pp. 34 - 112.

[24] Asness CS. Invited Editorial Comment: The Siren Song of Factor Timing aka Smart Beta Timing aka Style Timing. The Journal of Portfolio Management, Vol. 42, No. 5, 2016, pp. 1 - 6.

[25] Avramov D, Chordia T, Jostova G, et al. Momentum and Credit Rating. The Journal of Finance, Vol. 62, No. 5, 2007, pp. 2503 - 2520.

[26] Baba Yara F, Boons M, Tamoni A. Value Return Predictability Across Asset Classes and Commonalities in Risk Premia. Review of Finance, Vol. 25, No. 2, 2021, pp. 449 - 484.

[27] Baele L, Bekaert G, Inghelbrecht K, et al. Flights to Safety. The Review of Financial Studies, Vol. 33, No. 2, 2020, pp. 689 - 746.

[28] Bai J, Bali TG, Wen Q. Common Risk Factors in the Cross-Section of Corporate Bond Returns. Journal of Financial Economics, Vol. 131, No. 3, 2019, pp. 619 - 642.

[29] Bai J, Li K. Statistical Analysis of Factor Models of High Dimension. The Annals of Statistics, Vol. 40, No. 1, 2012, pp. 436 - 465.

[30] Bai J, Liao Y. Efficient Estimation of Approximate Factor Models via Penalized Maximum Likelihood. Journal of Econometrics, Vol. 191, No. 1, 2016, pp. 1 - 18.

[31] Bai J, Ng S. Determining the Number of Factors in Approximate Factor Models. Econometrica, Vol. 70, No. 1, 2002, pp. 191 - 221.

[32] Bai J. Inferential Theory for Factor Models of Large Dimensions. Econometrica, Vol. 71, No. 1, 2003, pp. 135 – 171.

[33] Bai JJ, Ma L, Mullally KA, Solomon DH. What a Difference a (Birth) Month Makes: The Relative Age Effect and Fund Manager Performance. Journal of Financial Economics, Vol. 132, 2019, pp. 200 – 221.

[34] Baker M, Wurgler J. Investor Sentiment and the Cross-Section of Stock Returns. The Journal of Finance, Vol. 61, No. 4, 2006, pp. 1645 – 1680.

[35] Baker SR, Bloom N, Davis SJ. Measuring Economic Policy Uncertainty. The Quarterly Journal of Economics, Vol. 131, No. 4, 2016, pp. 1593 – 1636.

[36] Baker M, Wurgler J. Investor Sentiment and the Cross-Section of Stock Returns. Journal of Finance, Vol. 61, 2006, pp. 1645 – 1680.

[37] Bali TG, Cakici N, Whitelaw RF. Maxing Out: Stocks as Lotteries and the Cross-Section of Expected Returns. Journal of Financial Economics, Vol. 99, No. 2, 2011, pp. 427 – 446.

[38] Banz RW. The Relationship Between Return and Market Value of Common Stocks. Journal of Financial Economics, Vol. 9, No. 1, 1981, pp. 3 – 18.

[39] Barry CB, Brown SJ. Differential Information and the Small Firm Effect. Journal of Financial Economics, Vol. 13, No. 2, 1984, pp. 283 – 294.

[40] Bartram SM, Grinblatt M, Nozawa Y. Book-to-Market, Mispricing, and the Cross-Section of Corporate Bond Returns. National Bureau of Economic Research, 2020.

[41] Ben-David I, Li J, Rossi A, Song Y. What Do Mutual Fund Investors Really Care About? 2019. Working Paper.

[42] Bergstresser D, Chalmers J, Tufano P. Assessing the Costs and

Benefits of Brokers in the Mutual Fund Industry. Review of Financial Studies, Vol. 22, 2009, pp. 4129 – 4156.

[43] Berk JB. A Critique of Size-Related Anomalies. The Review of Financial Studies, Vol. 8, No. 2, 1995, pp. 275 – 286.

[44] Berk JB, Green RC. Mutual Fund Flows and Performance in Rational Markets. Journal of Political Economy, Vol. 112, No. 6, 2004, pp. 1269 – 1295.

[45] Bollerslev T, Tauchen G, Zhou H. Expected Stock Returns and Variance Risk Premia. The Review of Financial Studies, Vol. 22, No. 11, 2009, pp. 4463 – 4492.

[46] Büchner M, Kelly B. A Factor Model for Option Returns. Journal of Financial Economics, Vol. 143, No. 3, 2022, pp. 1140 – 1161.

[47] Busse JA, Irvine PJ. Bayesian Alphas and Mutual Fund Persistence. Journal of Finance, Vol. 61, 2006, pp. 2251 – 2288.

[48] Campbell JY, Taksler GB. Equity Volatility and Corporate Bond Yields. The Journal of Finance, Vol. 58, No. 6, 2003, pp. 2321 – 2350.

[49] Campbell JY, Thompson SB. Predicting Excess Stock Returns Out of Sample: Can Anything Beat the Historical Average? The Review of Financial Studies, Vol. 21, No. 4, 2008, pp. 1509 – 1531.

[50] Carhart MM. On Persistence in Mutual Fund Performance. The Journal of Finance, Vol. 52, No. 1, 1997, pp. 57 – 82.

[51] Carpenter JN, Lu F, Whitelaw RF. The Real Value of China's Stock Market. Journal of Financial Economics, Vol. 139, No. 3, 2021, pp. 679 – 696.

[52] Chan LKC, Chen H, Lakonishok J. On Mutual Fund Investment

Styles. Review of Financial Studies, Vol. 15, 2002, pp. 1407 - 1437.

[53] Chen Q, Chi Y, Qiao X. Follow the Smart Money: Factor Forecasting in China. Pacific-Basin Finance Journal, Vol. 62, 2020, 101368.

[54] Chen Q, Chi Y. Smart Beta, Smart Money. Journal of Empirical Finance, Vol. 49, 2018, pp. 19 - 38.

[55] Chen J, Hong H, Huang M, Kubik JD. Does Fund Size Erode Mutual Fund Performance? The Role of Liquidity and Organization. American Economic Review, Vol. 94, 2004, pp. 1276 - 1302.

[56] Chevalier J, Ellison G. Risk Taking by Mutual Funds as a Response to Incentives. Journal of Political Economy, Vol. 105, 1997, pp. 1167 - 1200.

[57] Choi J, Kim Y. Anomalies and Market (Dis) Integration. Journal of Monetary Economics, Vol. 100, 2018, pp. 16 - 34.

[58] Choi JJ, Robertson AZ. What Matters to Individual Investors? Evidence from the Horse's Mouth. Journal of Finance, Vol. 75, 2020, pp. 1965 - 2020.

[59] Chordia T, Subrahmanyam A, Anshuman VR. Trading Activity and Expected Stock Returns. Journal of Financial Economics, Vol. 59, No. 1, 2001, pp. 3 - 32.

[60] Chordia T, Subrahmanyam A, Tong Q. Have Capital Market Anomalies Attenuated in the Recent Era of High Liquidity and Trading Activity? Journal of Accounting and Economics, Vol. 58, 2014, pp. 41 - 58.

[61] Chung KH, Wang J, Wu C. Volatility and the Cross-Section of Corporate Bond Returns. Journal of Financial Economics, Vol. 133, No. 2, 2019, pp. 397 - 417.

[62] Clark TE, West KD. Approximately Normal Tests for Equal Predic-

tive Accuracy in Nested Models. Journal of Econometrics, Vol. 138, No. 1, 2007, pp. 291 – 311.

[63] Cochrane J. Asset Pricing. Princeton University Press, 2005.

[64] Cohen RB, Coval JD, Pástor L. Judging Fund Managers by the Company They Keep. Journal of Finance, Vol. 60, 2005, pp. 1057 – 1096.

[65] Connor G, Hagmann M, Linton O. Efficient Semiparametric Estimation of the Fama-French Model and Extensions. Econometrica, Vol. 80, No. 2, 2012, pp. 713 – 754.

[66] Correia M, Kang J, Richardson S. Asset Volatility. Review of Accounting Studies, Vol. 23, 2018, pp. 37 – 94.

[67] Correia M, Richardson S, Tuna İ. Value Investing in Credit Markets. Review of Accounting Studies, Vol. 17, 2012, pp. 572 – 609.

[68] Cremers M, Petajisto A. How Active is Your Fund Manager? A New Measure that Predicts Performance. Review of Financial Studies, Vol. 22, 2009, pp. 3329 – 3365.

[69] Dai Y, Haque T, Zurbruegg R. Factor Return Forecasting Using Cashflow Spreads. International Review of Economics & Finance, Vol. 69, 2020, pp. 917 – 931.

[70] Daniel K, Hirshleifer D, Sun L. Short-and Long-Horizon Behavioral Factors. The Review of Financial Studies, Vol. 33, No. 4, 2020, pp. 1673 – 1736.

[71] Daniel KD, Hirshleifer DA, Sun L. Short-and Long-Horizon Behavioral Factors. Review of Financial Studies, Vol. 33, No. 4, 2020, pp. 1673 – 1736.

[72] Dong X, Feng S, Sadka R. Liquidity Risk and Mutual Fund Per-

formance. Management Science, Vol. 65, No. 3, 2019, pp. 1020 – 1041.

[73] Doshi H, Elkamhi R, Simutin M. Managerial Activeness and Mutual Fund Performance. Review of Financial Studies, Vol. 5, 2015, pp. 156 – 184.

[74] Dyck A, Lins K, Pomorski L. Does Active Management Pay? New International Evidence. Review of Asset Pricing Studies, Vol. 3, No. 2, 2013, pp. 200 – 228.

[75] Elton EJ, Gruber MJ, Blake CR. Holdings Data, Security Returns, and the Selection of Superior Mutual Funds. Journal of Financial and Quantitative Analysis, Vol. 46, 2011, pp. 341 – 367.

[76] Elton EJ, Gruber MJ, Das S, Hlavka M. Efficiency with Costly Information: A Reinterpretation of Evidence from Managed Portfolios. Review of Financial Studies, Vol. 6, 1993, pp. 1 – 22.

[77] Fama EF, French KR. A Five-Factor Asset Pricing Model. Journal of Financial Economics, Vol. 116, No. 1, 2015, pp. 1 – 22.

[78] Fama EF, French KR. Common Risk Factors in the Returns on Stocks and Bonds. Journal of Financial Economics, Vol. 33, No. 1, 1993, pp. 3 – 56.

[79] Fama EF, French KR. The Cross-Section of Expected Stock Returns. The Journal of Finance, Vol. 47, No. 2, 1992, pp. 427 – 465.

[80] Fama EF, MacBeth JD. Risk, Return, and Equilibrium: Empirical Tests. Journal of Political Economy, Vol. 81, No. 3, 1973, pp. 607 – 636.

[81] Fama EF, French KR. Luck versus Skill in the Cross-Section of Mutual Fund Returns. Journal of Finance, Vol. 65, 2010, pp. 1915 – 1947.

[82] Fama EF, French KR. Common Risk Factors in the Returns on

Stocks and Bonds. Journal of Financial Economics, Vol. 33, No. 1, 1993, pp. 3 – 56.

[83] Fan JP, Wong TJ, Zhang T. Politically Connected CEOs, Corporate Governance, and Post-IPO Performance of China's Newly Partially Privatized Firms. Journal of Financial Economics, Vol. 84, No. 2, 2007, pp. 330 – 357.

[84] Francis BB, Hasan I, Sun X. Political Connections and the Process of Going Public: Evidence from China. Journal of International Money and Finance, Vol. 28, No. 4, 2009, pp. 696 – 719.

[85] Freyberger J, Neuhierl A, Weber M. Dissecting Characteristics Nonparametrically. The Review of Financial Studies, Vol. 33, No. 5, 2020, pp. 2326 – 2377.

[86] Gamba A, Saretto A. Firm Policies and the Cross-Section of CDS Spreads. WBS Finance Group Research Paper, No. 191, 2013.

[87] Gebhardt WR, Hvidkjaer S, Swaminathan B. The Cross-Section of Expected Corporate Bond Returns: Betas or Characteristics? Journal of Financial Economics, Vol. 75, No. 1, 2005, pp. 85 – 114.

[88] George TJ, Hwang CY. The 52-Week High and Momentum Investing. The Journal of Finance, Vol. 59, No. 5, 2004, pp. 2145 – 2176.

[89] Gibbons MR, Ross SA, Shanken J. A Test of the Efficiency of a Given Portfolio. Econometrica, Vol. 57, No. 5, 1989, pp. 1121 – 1152.

[90] Greenwood R, Hanson SG. Share Issuance and Factor Timing. The Journal of Finance, Vol. 67, No. 2, 2012, pp. 761 – 798.

[91] Grinblatt M, Titman S, Wermers R. Momentum Investment Strategies, Portfolio Performance, and Herding: A Study of Mutual Fund Behavior.

American Economic Review, Vol. 85, 1995, pp. 1088 – 1105.

[92] Gruber MJ. Another Puzzle: The Growth in Actively Managed Mutual Funds. Journal of Finance, Vol. 51, 1996, pp. 783 – 810.

[93] Gu S, Kelly B, Xiu D. Autoencoder Asset Pricing Models. Journal of Econometrics, Vol. 222, No. 1, 2021, pp. 429 – 450.

[94] Gulen H, Xing Y, Zhang L. Value Versus Growth: Time-Varying Expected Stock Returns. Financial Management, Vol. 40, No. 2, 2011, pp. 381 – 407.

[95] Gupta-Mukherjee S. Investing in the "New Economy": Mutual Fund Performance and the Nature of the Firm. Journal of Financial and Quantitative Analysis, Vol. 49, 2014, pp. 165 – 191.

[96] Haddad V, Kozak S, Santosh S. Factor Timing. The Review of Financial Studies, Vol. 33, No. 5, 2020, pp. 1980 – 2018.

[97] Hanauer MX, Lauterbach JG. The Cross-Section of Emerging Market Stock Returns. Emerging Markets Review, Vol. 38, 2019, pp. 265 – 286.

[98] Hansen LP, Jagannathan R. Assessing Specification Errors in Stochastic Discount Factor Models. Journal of Finance, Vol. 52, No. 2, 1997, pp. 557 – 590.

[99] Harvey CR, Liu Y, Zhu H. ... And the Cross-Section of Expected Returns. Review of Financial Studies, Vol. 29, No. 1, 2016, pp. 5 – 68.

[100] Hendricks D, Patel J, Zeckhauser R. Hot Hands in Mutual Funds: Short-Run Persistence of Relative Performance, 1974 – 1988. Journal of Finance, Vol. 48, 1993, pp. 93 – 130.

[101] Hoberg G, Kumar N, Prabhala N. Mutual Fund Competition, Managerial Skill, and Alpha Persistence. Review of Financial Studies,

Vol. 31, No. 5, 2018, pp. 1896 – 1929.

[102] Hodrick RJ, Zhang X. Evaluating the Specification Errors of Asset Pricing Models. Journal of Financial Economics, Vol. 62, No. 2, 2001, pp. 327 – 376.

[103] Hong CY, Lu X, Pan J. FinTech Platform and Mutual Fund Distribution. 2020. Working Paper.

[104] Hou K, Moskowitz TJ. Market Frictions, Price Delay, and the Cross-Section of Expected Returns. The Review of Financial Studies, Vol. 18, No. 3, 2005, pp. 981 – 1020.

[105] Hou K, Xue C, Zhang L. Digesting Anomalies: An Investment Approach. The Review of Financial Studies, Vol. 28, No. 3, 2015, pp. 650 – 705.

[106] Hou K, Qiao F, Zhang X. Finding Anomalies in China. 2021. Working Paper.

[107] Hu GX, Chen C, Shao Y, Wang J. Fama-French in China: Size and Value Factors in Chinese Stock Returns. International Review of Finance, Vol. 19, No. 1, 2019, pp. 3 – 44.

[108] Hu Y, Dai T, Li Y, Mallick S, Ning L, Zhu B. Underwriter Reputation and IPO Underpricing: The Role of Institutional Investors in the Chinese Growth Enterprise Market. International Review of Financial Analysis, Vol. 78, 2021, 101956.

[109] Huang D, Jiang F, Li K, et al. Scaled PCA: A New Approach to Dimension Reduction. Management Science, Vol. 68, No. 3, 2022, pp. 1678 – 1695.

[110] Huang J, Sialm C, Zhang H. Risk Shifting and Mutual Fund Performance. Review of Financial Studies, Vol. 24, 2011, pp. 2575 – 2616.

［111］Hunter D, Kandel E, Kandel S, Wermers R. Mutual Fund Performance Evaluation with Active Peer Benchmarks. Journal of Financial Economics, Vol. 112, 2014, pp. 1 – 29.

［112］Israel R, Palhares D, Richardson SA. Common Factors in Corporate Bond Returns. Journal of Investment Management, Vol. 16, No. 2, 2018, pp. 17 – 46.

［113］Jagannathan R, Wang Z. The Conditional CAPM and the Cross-Section of Expected Returns. Journal of Finance, Vol. 51, No. 1, 1996, pp. 3 – 53.

［114］Jegadeesh N, Titman S. Returns to Buying Winners and Selling Losers: Implications for Stock Market Efficiency. The Journal of Finance, Vol. 48, No. 1, 1993, pp. 65 – 91.

［115］Jiang F, Lee J, Martin X, et al. Manager Sentiment and Stock Returns. Journal of Financial Economics, Vol. 132, No. 1, 2019, pp. 126 – 149.

［116］Jiang H, Zheng L. Active Fundamental Performance. Review of Financial Studies, Vol. 12, 2018, pp. 4688 – 4719.

［117］Jiang L, Liu J, Peng L, et al. Investor Attention and Asset Pricing Anomalies. Review of Finance, Vol. 26, No. 3, 2022, pp. 563 – 593.

［118］Jiang H, Verardo M. Does Herding Behavior Reveal Skill? An Analysis of Mutual Fund Performance. Journal of Finance, Vol. 73, No. 5, 2018, pp. 2229 – 2269.

［119］Jones CM, Shi D, Zhang X, et al. Understanding Retail Investors: Evidence from China. Available at SSRN 3628809, 2020.

［120］Jones CS, Mo H. Out-of-Sample Performance of Mutual Fund Predictors. Review of Financial Studies, Vol. 34, No. 1, 2021, pp. 149 – 193.

[121] Jorion P, Zhang G. Credit Contagion from Counterparty Risk. The Journal of Finance, Vol. 64, No. 5, 2009, pp. 2053 – 2087.

[122] Kacperczyk M, Seru A. Fund Manager Use of Public Information: New Evidence on Managerial Skills. Journal of Finance, Vol. 62, 2007, pp. 485 – 528.

[123] Kacperczyk M, Sialm C, Zheng L. On the Industry Concentration of Actively Managed Equity Mutual Funds. Journal of Finance, Vol. 60, 2005, pp. 1983 – 2011.

[124] Kacperczyk M, Van Nieuwerburgh S, Veldkamp L. Time-Varying Fund Manager Skill. Journal of Finance, Vol. 69, 2014, pp. 1455 – 1484.

[125] Kelly BT, Pruitt S, Su Y. Characteristics are Covariances: A Unified Model of Risk and Return. Journal of Financial Economics, Vol. 134, No. 3, 2019, pp. 501 – 524.

[126] Kelly B, Palhares D, Pruitt S. Modeling Corporate Bond Returns. The Journal of Finance, Vol. 78, No. 4, 2023, pp. 1967 – 2008.

[127] Kosowski R. Do Mutual Funds Perform When It Matters Most to Investors? US Mutual Fund Performance and Risk in Recessions and Expansions. Quarterly Journal of Finance, Vol. 1, No. 3, 2011, pp. 607 – 664.

[128] Lee C, Qu Y, Shen T. Gate Fees: The Pervasive Effect of IPO Restrictions on Chinese Equity Markets. Review of Finance, 2022, pp. 1 – 41.

[129] Lee CM, Qu Y, Shen T. Going Public in China: Reverse Mergers Versus IPOs. Journal of Corporate Finance, Vol. 58, 2019, pp. 92 – 111.

[130] Leippold M, Wang Q, Zhou W. Machine Learning in the Chinese Stock Market. Journal of Financial Economics, Vol. 145, No. 2, 2022, pp. 64 – 82.

[131] Lettau M, Pelger M. Estimating Latent Asset-Pricing Factors. Journal of Econometrics, Vol. 218, No. 1, 2020, pp. 1 – 31.

[132] Lettau M, Pelger M. Factors That Fit the Time Series and Cross-Section of Stock Returns. The Review of Financial Studies, Vol. 33, No. 5, 2020, pp. 2274 – 2325.

[133] Li B, Rossi AG. Selecting Mutual Funds from the Stocks They Hold: A Machine Learning Approach. Available at SSRN 3737667, 2020.

[134] Li Y, Ng DT, Swaminathan B. Predicting Time-Varying Value Premium Using the Implied Cost of Capital. Available at SSRN 2168360, 2014.

[135] Li Z, Rao X. Evaluating Asset Pricing Models: A Revised Factor Model for China. Economic Modelling, Vol. 116, 2022, 106001.

[136] Li G, Zhou H. Political Connections and Access to IPO Markets in China. China Economic Review, Vol. 33, 2015, pp. 76 – 93.

[137] Liew J, Vassalou M. Can Book-to-Market, Size and Momentum Be Risk Factors That Predict Economic Growth? Journal of Financial Economics, Vol. 57, No. 2, 2000, pp. 221 – 245.

[138] Lin L, Tan J, Liu W. Does Monetary Policy Uncertainty Command a Risk Premium in the Chinese Stock Market? International Review of Finance, 2021.

[139] Liu J, Stambaugh R F, Yuan Y. Size and Value in China. Journal of Financial Economics, Vol. 134, No. 1, 2019, pp. 48 – 69.

[140] Liu W. A Liquidity-Augmented Capital Asset Pricing Model. Journal of Financial Economics, Vol. 82, No. 3, 2006, pp. 631 – 671.

[141] Liu, J., R. F. Stambaugh, and Y. Yuan. 2019. Size and Value in China. Journal of Financial Economics, Vol. 134, No. 1, pp. 47 – 69.

［142］ Lou, D. 2012. A Flow-Based Explanation for Return Predictability. Review of Financial Studies, Vol. 25, pp. 3457 – 3489.

［143］ Ma T, Leong W J, Jiang F. A Latent Factor Model for the Chinese Stock Market. International Review of Financial Analysis, 2023: 102555.

［144］ Ma, X., Zhang, X., and Liu, W. 2021. Further Tests of Asset Pricing Models: Liquidity Risk Matters. Economic Modelling, Vol. 95, pp. 255 – 273.

［145］ Mamaysky, H., M. Spiegel, and H. Zhang. 2007. Improved Forecasting of Mutual Fund Alphas and Betas. Review of Finance, Vol. 11, pp. 359 – 400.

［146］ Marquering W, Verbeek M. The Economic Value of Predicting Stock Index Returns and Volatility. Journal of Financial and Quantitative Analysis, Vol. 39, No. 2, 2004, pp. 407 – 429.

［147］ McLean, R. D., and J. Pontiff. 2016. Does Academic Research Destroy Stock Return Predictability? Journal of Finance, Vol. 71, pp. 5 – 32.

［148］ McLemore, P., Sias, R. W., Wan, C. and Yuksel, H. Z. 2021. Active Technological Similarity and Mutual Fund Performance. Journal of Financial and Quantitative Analysis, Forthcoming.

［149］ Merton R C. Theory of Rational Option Pricing. The Bell Journal of Economics and Management Science, 1973, pp. 141 – 183.

［150］ Miller M H, Scholes M S. Dividends and Taxes: Some Empirical Evidence. Journal of Political Economy, Vol. 90, No. 6, 1982, pp. 1118 – 1141.

［151］ Neely C J, Rapach D E, Tu J, et al. Out-of-Sample Equity Premium Prediction: Economic Fundamentals vs. Moving-Average Rules. Journal of Finance, 2010.

[152] Novy-Marx R. The Other Side of Value: The Gross Profitability Premium. Journal of Financial Economics, Vol. 108, No. 1, 2013, pp. 1 – 28.

[153] Onatski A. Asymptotics of the Principal Components Estimator of Large Factor Models with Weakly Influential Factors. Journal of Econometrics, Vol. 168, No. 2, 2012, pp. 244 – 258.

[154] Pan, L. , Tang, Y. , and Xu, J. Speculative Trading and Stock Returns. Review of Finance, Vol. 20, No. 5, 2016, pp. 1835 – 1865.

[155] Pástor L', Stambaugh R F. Liquidity Risk and Expected Stock Returns. Journal of Political Economy, Vol. 111, No. 3, 2003, pp. 642 – 685.

[156] Pástor L', Veronesi P. Political Uncertainty and Risk Premia. Journal of Financial Economics, Vol. 110, No. 3, 2013, pp. 520 – 545.

[157] Pástor L, Veronesi P. Uncertainty about government policy and stock prices. The Journal of Finance, Vol. 67, No. 4, 2012, pp. 1219 – 1264.

[158] Pástor, L. , R. Stambaugh, and L. Taylor. Scale and Skill in Active Management. Journal of Financial Economics, Vol. 116, No. 1, 2015, pp. 23 – 45.

[159] Pástor, L. , Stambaugh, R. F. , Liquidity Risk and Expected Stock Returns. Journal of Political Economy, Vol. 111, No. 3, 2003, pp. 642 – 685.

[160] Pollet, J. M. , and M. Wilson. How Does Size Affect Mutual Fund Behavior? Journal of Finance, Vol. 63, 2008, pp. 2941 – 2969.

[161] Qiao F, Xu L, Zhang X, et al. Variance risk premiums in emerging markets. Work. Pap. , PBC Sch. Finance. , Tsinghua Univ. , 2018.

[162] Ross S A. The arbitrage theory of capital asset pricing. Journal of Economic Theory, Vol. 13, No. 3, 1976, pp. 341 – 360.

[163] Sha, Y. , and Gao, R. Which is the best: A comparison of asset pricing factor models in Chinese mutual fund industry. Economic Modelling, Vol. 83, 2019, pp. 8 – 16.

[164] Sharpe W F. Capital asset prices: A theory of market equilibrium under conditions of risk. The Journal of Finance, Vol. 19, No. 3, 1964, pp. 425 – 442.

[165] Shefrin H, Statman M. Behavioral capital asset pricing theory. Journal of Financial and Quantitative Analysis, Vol. 29, No. 3, 1994, pp. 323 – 349.

[166] Simutin, M. Cash Holdings and Mutual Fund Performance. Review of Finance, Vol. 18, 2014, pp. 1425 – 1464.

[167] Sirri, E. R. , and P. TufaNo. Costly Search and Mutual Fund Flows. Journal of Finance, Vol. 53, 1998, pp. 1589 – 1622.

[168] Stambaugh R F, Yuan Y. Mispricing factors. The Review of Financial Studies, Vol. 30, No. 4, 2017, pp. 1270 – 1315.

[169] Titman S, Wei C, Zhao B. Corporate actions and the manipulation of retail investors in China: An analysis of stock splits. Journal of Financial Economics, Vol. 145, No. 3, 2022, pp. 762 – 787.

[170] Tsiveriotis K, Fernandes C. Valuing convertible bonds with credit risk. The Journal of Fixed Income, Vol. 8, No. 2, 1998, 95.

[171] Vassalou M, Xing Y. Default risk in equity returns. The Journal of Finance, Vol. 59, No. 2, 2004, pp. 831 – 868.

[172] Von Reibnitz, A. When Opportunity Knocks: Cross-Sectional Return Dispersion and Active Fund Performance. Critical Finance Review, Vol. 6, No. 2, 2017, pp. 303 – 356.

[173] Welch I, Goyal A. A comprehensive look at the empirical performance of equity premium prediction. The Review of Financial Studies, Vol. 21, No. 4, 2008, pp. 1455 – 1508.

[174] Yi Z G, Mao N. The measurement of investor sentiment in China's stock market: the construction of CICSI. Journal of Financial Research, 2009 (11): 174 – 184.

[175] Zakamulin V. Forecasting the size premium over different time horizons. Journal of Banking & Finance, Vol. 37, No. 3, 2013, pp. 1061 – 1072.

[176] Zhang X, Zhang Z. The Cross-Section of Chinese Corporate Bond Returns. The Journal of Finance and Data Science, 2023: 100100.

[177] Zheng, L. Is money smart? A study of mutual fund investors' fund selection ability. Journal of Finance, Vol. 54, 1999, pp. 901 – 933.

附　录

1. CAPM/CH4 Alpha

CAPM Alpha 和 CH4 Alpha 分别为式（A.1）和式（A.2）根据过去 36 个月（至少要求有 24 个月数据，下同）的基金月度收益率滚动回归计算的截距项。

$$r_{it} - r_{ft} = \alpha_{it}^{CAPM} + \beta_{i,MKT}MKTRF_t + \varepsilon_{it}^{CAPM} \qquad (A.1)$$

$$r_{it} - r_{ft} = \alpha_{it}^{CH4} + \beta_{i,MKT}MKTRF_t + \beta_{i,SMB}SMB_t + \beta_{i,VMG}VMG_t + \beta_{i,PMO}PMO_t + \varepsilon_{it}^{CH4}$$

$$(A.2)$$

其中，r_{it} 是基金 i 的月度收益率；r_{ft} 为 t 期观测到的一年期无风险存款利率除以 12；而股票市场定价因子的构建方法来自刘等（Liu et al., 2019），包括市场超额收益因子 $MKTRF_t$、市值因子 SMB_t、价值因子 VMG_t。

2. Ivol-adj CAPM Alpha/CH4 Alpha

Ivol-adj CAPM Alpha 的计算方式为 $\dfrac{\alpha_{it}^{CAPM}}{\sigma(\varepsilon_{it}^{CAPM})}$，其中分子项为式（A.1）中的截距项，分母项为式（A.1）中残差的标准差。

Ivol-adj CH4 Alpha 的计算方式为 $\dfrac{\alpha_{it}^{CH4}}{\sigma(\varepsilon_{it}^{CH4})}$，其中分子项为式（A.2）中的截距项，分母项为式（A.2）中残差的标准差。

这两项指标均根据过去 36 个月的月度数据滚动计算得到。

3. CAPM $1 - R^2$ 和 CH4 $1 - R^2$

根据阿米胡德和戈延科（Amihud and Goyenko，2013）的研究，由基准定价模型计算得到的 R^2 衡量了基金经理个人的私有信息含量，R^2 越大代表基金收益率中越多信息无法被基准定价模型中的系统性风险因子所解释，因而代表了基金经理的主动管理能力。本研究分别用 $1 - R^2_{CAPM,t}$ 和 $1 - R^2_{CH3,t}$ 表示 CAPM $1 - R^2$ 和 CH4 $1 - R^2$ ［由式（A.1）和式（A.2）可得］。

这两项指标均根据过去 36 个月的月度数据滚动计算得到。

4. Success overlap via CAPM / via CH4

根据科恩等（Cohen et al.，2005）的研究，和能力强的基金的持仓越相似（Success overlap）未来表现越好。本研究计算 Success overlap 的方式如下：

$$\text{Success overlap}_{it} = \sum_{n=1}^{N} w_{int} \delta_{nt} \qquad (A.3)$$

其中，w_{int} 是基金 i 在 t 期持有的股票 n 占其基金净值的比重，而 δ_{nt} 则是股票 n 在 t 期的能力承载测度，由下式表示：

$$\delta_{nt} = \sum_{m=1}^{M} v_{mn} a_{mt} \qquad (A.4)$$

其中，$v_{mnt} = w_{mnt} / \sum_{i=1}^{M} w_{int}$，是基金 m 持有的股票 n 在当期所有持有股票 n 的基金中的相对权重；而 a_{mt} 则是基金 m 在 t 时刻的能力度量，本研究分别使用式（A.1）和式（A.2）中的截距项，即过去 36 个月的 CAPM Alpha 和 CH4 Alpha 作为 a_{mt}。

5. Return gap average 和 Return gap via CH4 Alpha

根据卡佩尔奇克等（Kacperczyk et al.，2008）的研究，基金真实收益率和基于最近一期持仓构造的模拟组合的收益率之差（Return gap）衡量了基金隐形交易的价值。本研究计算 Return gap 的方式如下：

$$RG_{it} = RF_{it} - (RH_{it} - EXP_{it}) \qquad (A.5)$$

其中，RF_{it} 是基金 i 在月份 t 的真实收益率，RH_{it} 是根据基金 i 最近一期披露的持仓数据构建的模拟股票组合在 t 月的收益率，EXP_{it} 是基金 i 最近一期的月度化费率（管理费率、销售费率和托管费率之和）。本研究构建的基金收益率预测指标 Return gap average 是过去 36 个月 RG_{it} 的均值，Return gap via CH4 Alpha 是过去 36 个月 RG_{it} 的 CH4 超额收益率。

6. Holding-based CAPM Alpha/CH4 Alpha

根据埃尔顿等（Elton et al., 2011）的研究，根据基金最近一期持仓构建的股票组合计算的 Alpha 比根据基金真实收益率计算的 Alpha 有更佳的基金业绩预测能力。本研究根据基金最近一期披露的全部持仓信息构建的模拟股票组合滚动计算过去 36 个月的 CAPM Alpha 和 CH4 Alpha。

7. Back-tested CAPM Alpha/CH4 Alpha

根据马梅斯基等（Mamaysky et al., 2007）的研究，使用传统的 OLS 估计得到的 Alpha 会有较大的估计误差（estimation error），通过事先施加一些限定条件可以增加 Alpha 的估计精准度。本研究在式（A.1）和式（A.2）的基础上，通过施加下述限定条件得到 Back-tested CAPM Alpha 和 Back-tested CH4 Alpha：

$$0 \leq \beta_t^{MKT} \leq 2 \qquad (A.6)$$

$$-0.02 \leq \alpha_{it} \leq 0.02 \qquad (A.7)$$

$$sign(r_{it} - r_{MKT}) \times sign(\hat{\alpha}_{it}|_{i,t-1}) > 0 \qquad (A.8)$$

其中，β_t^{MKT} 是过去 36 个月的 CAPM/CH4 beta，α_{it} 是基金 i 在 t 期的已实

现 CAPM/CH4 Alpha，$\hat{\alpha}_{it}|_{i,t-1}$ 是基于 t−1 期的可得信息对下一期 Alpha 的预测，$r_{it} - r_{MKT}$ 是基金 i 在 t 期相对于市场的超额收益。

8. Risk shifting

黄等（Huang et al.，2011）发现根据基金的持仓信息，风险水平时常变化的基金比风险水平保持稳定的基金未来表现更差。频繁变换风险水平（risk-shifting）体现了基金经理相对较差的管理能力。本研究根据基金最近一期披露的全部持仓信息构建的模拟股票组合和基金真实收益率的波动率之差来计算该指标：

$$RS_{it} = \sigma_{it}^{H} - \sigma_{it}^{R} \qquad (A.9)$$

其中，σ_{it}^{H} 是根据基金最近一期披露的全部持仓构建的组合计算的过去 36 个月的波动率，σ_{it}^{R} 是根据基金真实收益率计算的过去 36 个月的波动率。

9. Holding-based momentum

格林布拉特等（Grinblatt et al.，1995）发现根据基金的持仓信息，采用动量策略的基金在未来有相对更好的表现。本研究根据基金最近一期的持仓信息按照如下方式计算该指标：

$$M_{it} = \sum_{j=1}^{N} (\tilde{w}_{ijt} - \tilde{w}_{ij,t-1}) \tilde{R}_{j,t-k,t} \qquad (A.10)$$

$$\overline{M_{it}} = \frac{1}{T} \sum_{m=1}^{T} M_{im} \qquad (A.11)$$

其中，$\tilde{w}_{ijt}$ 是该基金在 t 时刻对股票 j 的持仓占比，$\tilde{R}_{j,t-k,t}$ 是股票 j 从 t−k 期到 t 期的累计收益率，$\overline{M_{it}}$ 表示根据过去 T 个月的 M_{im} 求滚动平均。本研究取 T = 36；k = 3,6,9,11,24。

10. Inverse of diversification

根据波莱和威尔逊（Pollet and Wilson，2008）的研究，基金可以通过更加分散化的投资来减缓规模报酬递减效应，更大程度的分散化和基金未来业绩的改善有关。本研究使用最近一期基金持股数的倒数来衡量分散化程度。

11. Skill Index

卡佩尔奇克等（2014）发现如果同时考虑时变的选股和择时技能可以更好地衡量基金经理的能力：

$$\text{Skill Index}_t^i = w_{t-1}\text{Timing}_{t-1}^i + (1 - w_{t-1})\text{Picking}_{t-1}^i \qquad (\text{A. 12})$$

$$\text{Timing}_{t-1}^i = \sum_{j=1}^{N^i} (w_{j,t-1}^i - w_{j,t-1}^m) \beta_{j,t-1} R_t^m$$

$$\text{Picking}_{t-1}^i = \sum_{j=1}^{N^i} (w_{j,t-1}^i - w_{j,t-1}^m)(R_t^j - \beta_{j,t-1} R_t^m)$$

其中，w_{t-1} 的计算方式参考肖维等（Chauvet et al. , 2008）的研究。$w_{j,t-1}^i$ 是 $t-1$ 期基金 i 对股票 j 的持仓比重，$w_{j,t-1}^m$ 是 $t-1$ 期股票 j 在全市场中的市值占比。R_t^j 和 R_t^m 分别是 t 期股票 j 和市场组合的收益率，$\beta_{j,t-1}$ 是 $t-1$ 期股票 j 的 CAPM beta。

12. Public info

根据卡佩尔奇等（2007）的研究，如果基金持仓对诸如分析师推荐等公共信息越敏感，则基金未来的表现越差。本研究按照如下方式计算 Public info：

$$\% \Delta\text{Hol d}_{i,j,t} = \beta_{0,t} + \beta_{1,t}\Delta \text{Re}_{j,t-1} + \beta_{2,t}\Delta \text{Re}_{j,t-2} + \beta_{3,t}\Delta \text{Re}_{j,t-3}$$

$$+ \beta_{4,t}\Delta \text{Re}_{j,t-4} + \varepsilon_{j,t} \qquad (\text{A. 13})$$

$$\text{RPI}_{it} = 1 - \frac{\sigma^2(\varepsilon_{j,t})}{\sigma^2(\% \Delta\text{Hold}_{i,t})} \qquad (\text{A. 14})$$

其中，$\% \Delta\text{Hold}_{i,j,t}$ 是从 $t-1$ 到 t 期基金 i 对股票 j 持有数量的百分比变化；

$\Delta Re_{i,t-p}$衡量从 $t-p-1$ 到 $t-p$ 期分析师对股票 j 一致预期的变化，p = 1，2，3，4；$\sigma^2(\varepsilon_{j,t})$ 为式（A. 13）中残差项的方差；$\sigma^2(\% \Delta Hold_{i,t})$ 为基金 i 层面上 $\% \Delta Hold_{i,j,t}$ 的方差。

13. Intangibles

根据古普塔－慕克吉（Gupta-Mukherjee，2014），基金持有的股票中有形资产（如房产、设备等）相对于研发支出的比重越高，则基金的未来表现更好。本研究按照如下方式构造该指标：

$$IIR_{it} = \sum_{j=1}^{N} w_{i,j,t}(R\&D/PPE)_{j,t} \qquad (A. 15)$$

其中，$w_{i,j,t}$ 是基金 i 在 t 期持有的股票 j 的比重，$(R\&D/PPE)_{j,t}$ 是股票 j 在 t 期研发支出和有形资产的比率。

14. Active share

根据克雷默斯和佩塔吉斯托（Cremers and Petajisto，2009）的研究，基金持仓和业绩基准相比偏离程度越大的基金代表了基金经理更强的信息挖掘与管理能力，因而基金未来的表现越好。本研究按照如下方式衡量该指标：

$$AS_{it} = \frac{1}{2} \sum_{j=1}^{N} |w_{i,j,t} - \overline{w}_{index,j,t}| \qquad (A. 16)$$

其中，$\overline{w}_{index,j,t}$ 表示 t 期的股票 j 在基金 i 的业绩基准指数中的权重。

15. Industry concentration

根据卡佩尔奇克等（Kacperczyk et al.，2005）的研究，持仓行业集中度越高的基金代表了基金经理对这些重仓行业研究深入或者有信息优势，因而基金未来的表现越好。本研究按照如下方式衡量该指标：

$$IC_{it} = \sum_{j=1}^{N} (w_{i,j,t} - \overline{w}_{market,j,t})^2 \qquad (A.17)$$

其中，$w_{i,j,t}$ 表示基金 i 在 t 期持有属于行业 j 股票的权重，$\overline{w}_{market,j,t}$ 表示 t 期行业 j 在市场组合中的权重。

16. Fund size

根据陈等（Chen et al. , 2004）的研究，规模越大的基金未来表现越差。本研究使用基金当期季报中披露的 Total TNA 表示基金规模。

17. Flows

郑（Zheng, 1999）研究了"聪明钱"（smart money）效应，发现资金呈现净流入的基金比资金净流出的基金未来的业绩更好。基金的资金净流入按照如下方式计算：

$$Flow_{it} = [TNA_{it} - TNA_{it-1} \times (1 + r_{i,t-1,t})]/TNA_{it-1} \qquad (A.18)$$

18. Flow-induced trading

楼（Lou, 2012）发现"聪明钱"（smart money）效应可以被解释为净流入的资金在一定程度上推高了基金持仓股票的价格。此外他还发现，未来倾向于资金净流出的基金所持有的股票未来的表现也相对较差。本研究构造 Flow-induced trading 的方式如下：

$$FIT\_fundlevel_{i,t} = \sum_{j=1}^{N} w_{ijt} FIT_{j,t} \qquad (A.19)$$

$$FIT_{j,t} = \frac{\sum_i shares_{i,j,t-1} \times flow_{i,t} \times PSF_{i,t-1}}{\sum_i shares_{i,j,t-1}} \qquad (A.20)$$

$$trade_{i,j,t} = \beta_0 + \beta_1 flow_{i,t} + \gamma_2 X + \gamma_3 flow_{i,t} X + \varepsilon_{i,t} \qquad (A.21)$$

其中，w_{ijt} 是基金 i 在 t 期持有的股票 j 的权重；$FIT_{j,t}$ 是个股层面的 Flow-induced trading 变量，由式（A. 20）确定；$shares_{i,j,t-1}$ 是基金 i 在 t-1 期持有的股票 j 的数量；$flow_{i,t}$ 表示在 t 期基金 i 的资金净流入，可由式（A. 18）计算得到；$PSF_{i,t-1}$ 是调节因子，即为式（A. 21）中的 β_1（滚动计算）；$trade_{i,j,t}$ 的定义为 $\dfrac{shares_{i,j,t}}{shares_{i,j,t-1}^{split\_adj}} - 1$，衡量的是基金 i 持有的股票 j 在 t 期相对于上一期发生的交易量（拆分调整后）；X 为一系列反映交易成本的变量，具体可见楼（2012）的研究。

19. Fee 和 Turnover

根据埃尔顿等（Elton et al. , 1993）的研究，费率和换手率越高的基金未来的表现越差。本研究使用月度化后的管理费率、销售费率和托管费率之和衡量 Fee。而 Turnover 为一个报告期（半年，因为基金仅在半年报和年报中披露全部持股）的换手率，计算方式为：

$$Turnover_{it} = \frac{Min(Securities\ bought, Securities\ sold)}{Average\ Net\ Assets} \times 100\% \quad (A. 22)$$

20. Abnormal cash holding

根据西穆丁（Simutin，2014）的研究，基金的异常现金持有量越高未来的业绩越好。尽管持有过多现金可能会拖累基金组合的整体表现，但是基金经理在面对潜在投资机会时能够迅速出手，不至于以较大的成本卖掉手中的持股（costly fire sales）来实现优质股票的买入，因而其投资自由程度越高。参考西穆丁（2014）的研究，本研究用基金 i 在 t 期持有的现金权重回归在一系列基金层面的特征变量上，包括费率、总规模、换手率、过去 1/6/12 个月的基金累计收益率、过去 1/6/12 个月的资金净流入、基金流的波动率等［具体可见西穆丁（2014）研究中的表 2］，未被解释的部分（截距项和残差）即为基金 i 在 t 期的异常现金持有量 Abnormal cash holding。

21. Growth style

陈等（Chan et al.，2002）发现根据基金的持仓信息，成长风格的基金未来的表现明显强于价值风格的基金。本研究用式（A.2）中价值因子 VMG_t 的载荷系数衡量基金的成长风格，数值越小表示该基金的成长风格越强。

22. One-year return

亨德克斯等（Hendricks et al.，1993）发现了基金的"热手"（hot hands）效应，即过去1年里涨幅最好的基金在未来能有更好的表现。本研究滚动计算过去1年基金的累计收益率作为变量 One-year return。

23. Active peer benchmark

根据亨特等（Hunter et al.，2014）等的研究，在计算基金的超额收益时应排除同类型基金的影响。例如，成长型基金整体的出色表现不一定代表这些基金经理的管理能力出色，剔除了同类型基金影响后的超额收益更能衡量管理能力，因而也有着更好的未来表现。本研究计算 Active peer benchmark 的方式如下：

$$r_{it} - r_{ft} = a_i + \beta_{i,MKT}MKTRF_t + \beta_{i,SMB}SMB_t + \beta_{i,VMG}VMG_t$$
$$+ \beta_{i,PMO}PMO_t + \theta_i(\alpha_{APB,i} + \varepsilon_{APB,it}) + \varepsilon_{i,t} \qquad (A.23)$$

其中，$\alpha_{APB,i} + \varepsilon_{APB,it}$ 表示基金 i 所属的同类型基金的等权组合经过 CH4 模型正交化后未被解释的部分。本研究根据基金的业绩基准说明，将全部基金划分为 32 种类型（28 个申万一级行业分类，4 个大盘指数，包括沪深300、中证500、创业板指和恒生指数）。

24. Bayesian Alpha

根据巴斯和欧文（Busse and Irvine，2006）的研究，基金的超额收益可以被拆解为选股收益和风格配置收益，即：

$$\alpha_A = \delta_A + C'_{A,N}\alpha_N \qquad (A.24)$$

其中，α_N、$C'_{A,N}$ 和 δ_A 都有一个对应的先验正态分布，在使用样本数据的估计结果进行调整之后，我们可以得到上述三个参数的后验分布（posterior distribution）。在先验分布中，涉及关于基金经理能力和模型错误定价的方差，通过对这两个方差的权重进行合理的赋值，我们可以得到基金后验分布的 Bayesian Alpha。